LE LIVRE
des
ENFANTS DE FRANCE

L'Éducation physique élémentaire
de la Jeunesse par l'Instituteur

CHARLES-LAVAUZELLE & Cie
Éditeurs militaires
PARIS, Boulevard Saint-Germain, 124
LIMOGES, 62, Avenue Baudin | 53, Rue Stanislas. NANCY

Le Livre

des

Enfants de France

L'Education physique élémentaire
de la Jeunesse par l'Instituteur

CHARLES-LAVAUZELLE & Cie
Éditeurs militaires
PARIS, Boulevard Saint-Germain, 124
LIMOGES, 62, Avenue Baudin | 53, Rue Stanislas, NANCY

1923

OUVRAGES DU MÊME AUTEUR

L'Élève Soldat (55ᵉ édition).

L'Élève Officier de réserve (8ᵉ édition).

La Grande Revanche.

AVANT-PROPOS

C'est pour vous, petits garçons et fillettes de France qui êtes à l'âge heureux de l'enfance, que nous avons écrit ce livre, et aussi pour les distingués INSTITUTEURS qui ont la noble tâche de faire de vous de bons enfants de la patrie.

Chez vous, le besoin de mouvement et de grand air prime tous les autres, aussi avons nous fait dans cet ouvrage une large place aux sports et aux jeux variés auxquels vous vous adonnez avec tant d'enthousiasme.

Mais ces joies du plein air ne sont pas les seules qui doivent passionner la JEUNESSE, surtout sous le ciel de FRANCE.

Quand, parfois, la pluie ou toutes autres intempéries interdisent les randonnées projetées, n'est ce pas encore un grand plaisir d'aller se réfugier dans un cabinet de lecture?

Les livres, bien choisis, sont toujours des amis sûrs.

Celui que nous vous présentons aujourd'hui deviendra bien vite votre camarade de tous les jours.

C'est parce que, sous la conduite intelligente de vos maîtres et maîtresses, vous êtes l'avenir de notre pays, et aussi parce que nous rêvons toujours d'une FRANCE meilleure dans une humanité plus parfaite, c'est vraiment à cause de cela que nous vous avons donné tout notre cœur, JEUNESSE DE FRANCE, qui avez le dépôt sacré d'un patrimoine de gloire que vous voudrez augmenter encore :

> « Nous croyons à notre beau rêve,
> Jeunesse, en regardant vers toi! »

Commandant C. L.

Ire PARTIE

Le Règlement général d'éducation physique et les petits Jeux.

A. — LE RÈGLEMENT GÉNÉRAL D'ÉDUCATION PHYSIQUE

AVANT-PROPOS.

I. — CONSIDÉRATIONS GÉNÉRALES.

II. — PRÉAMBULE PHYSIOLOGIQUE.

III. — PLAN D'ÉDUCATION PHYSIQUE.

I. — Considérations générales.

Les méthodes préconisées pendant la guerre par l'Ecole de Joinville en vue de la préparation physique des soldats et des jeunes gens de plus de 16 ans ont donné des résultats tels que, tout naturellement, on a été conduit à s'en inspirer un peu partout, tant pour l'éducation physique élémentaire des enfants jusqu'à 16 ans que pour l'éducation physique des adultes.

Il est nécessaire aujourd'hui de préciser complètement les modalités de l'éducation physique en se basant sur les lois physiologiques qui règlent la croissance et le développement de l'homme.

Pour l'établissement de ce règlement il a été tenu compte des travaux les plus récents et notamment des expériences pratiques faites à Joinville et dans diverses écoles. De l'ensemble de ces travaux et expériences découle l'exposé des principes et des procédés d'éducation physique préconisés par le présent règlement.

·II. — **Préambule physiologique.**

But de l'éducation physique.

L'éducation physique est gouvernée par les principes de la physiologie.

Pendant l'enfance l'éducation physique doit tendre surtout au développement harmonieux de la charpente du corps, et en opérer le redressement, lorsqu'elle se déforme.

Dans l'âge adulte elle doit améliorer le fonctionnement des organes, accroître la puissance cardio-vasculaire, la souplesse des respirations, la force musculaire, la précision et la vitesse des mouvements, et, par l'ensemble de ses pratiques, assurer la santé.

D'une manière générale, l'éducation physique ne développera pas, chez un sujet normal, certains organes au détriment des autres. Elle devra aboutir, avant tout, à l'harmonie des fonctions.

Marche de la croissance.

La croissance de l'homme ne se fait pas d'une manière uniforme et régulière, mais par poussées périodiques. Pour une année donnée, l'accroissement peut être double, triple, quadruple même de ce qu'il était dans les années précédentes.

D'une manière générale, il est rapide pendant les deux premières années de la vie. A cette phase succède une période de ralentissement jusqu'au moment de la puberté. Alors la croissance reprend une nouvelle activité, pour s'atténuer encore à partir de la quinzième année. Elle diminue enfin et finit par cesser complètement entre vingt et vingt-cinq ou vingt-huit ans.

Développement du squelette.

Le squelette atteint son plein développement à partir de la vingtième année. Avant cet âge, les soudures osseuses sont inachevées. C'est ainsi que les vertèbres ne sont complètement ossifiées qu'entre 20 et 25 ans ; les pièces supérieures du sternum entre 25 et 30 ans, l'angle inférieur et le bord spinal de l'omoplate entre 22 et 24 ans, l'extrémité supérieure de l'humérus entre 20 et 25 ans ; le grand et le petit trochanters ne se soudent au corps du fémur que de 20 à 28 ans.

Pendant toute la première partie de la vie jusqu'à la vingtième année, les os, encore pourvus de leurs cartilages de conjugaison, sont donc relativement malléables. De plus, les muscles n'ont pas pendant toute cette période des points d'attache aussi solides qu'après la vingtième année.

On évitera donc de soumettre les enfants et les adolescents soit à des manœuvres de force, soit à des exercices ayant pour effet de durcir les muscles. Ces derniers, hypertrophiés par une gymnastique non méthodique, peuvent dans une certaine mesure, en raison de leur développement prématuré en largeur et en épaisseur et par le jeu de leur tonicité propre, trop accrue, s'opposer à l'allongement normal des os longs et arrêter le développement de la taille.

Rythme respiratoire.

Marey a étudié, à l'aide du pneumographe, les effets des exercices sur le rythme respiratoire. Ces recherches ont été faites à l'Ecole de gymnastique de Joinville.

Il a choisi cinq jeunes gens qui arrivaient à l'Ecole et qui n'avaient pas encore pris part aux exercices. Il inscrivit la respiration de chacun d'eux au repos, puis immédiatement après une course de 300 mètres au pas gymnastique. Les tracés ont été pris de nouveau tous les mois. La comparaison des tracés a montré que dans les premiers temps la respiration était notablement accélérée par la course, il y avait une grande tendance à l'essoufflement ; après quatre ou cinq mois d'exercices, le rythme de la respiration n'était presque plus influencé par la course au pas gymnastique de 300 mètres.

On observait, de plus, que les changements constatés dans le rythme respiratoire étaient permanents, on les constatait même au repos ; le nombre des respirations était passé, en moyenne, de 16 à 12 par minute, et leur amplitude avait plus que doublé

Le ralentissement du rythme respiratoire à l'état permanent et surtout sa stabilité pendant les exercices sont les principaux critères de l'entraînement local des poumons et deux des signes cardinaux auxquels on reconnaît que l'entraînement général d'un sujet est un fait accompli.

Rythme cardiaque.

Ce qui vient d'être dit du rythme respiratoire s'applique au rythme cardiaque. Le nombre des pulsations s'élève beaucoup pendant les exercices pratiqués par des sujets non entraînés. *Mais il se stabilise au fur et à mesure que l'entraînement se poursuit.*

La numération du pouls radial, si facile à l'aide d'une simple montre pourvue d'un cadran gradué en secondes, est un moyen rapide de s'assurer de l'état d'entraînement du cœur. On comptera le pouls à l'état de repos, puis après un exercice déterminé, par exemple une course de 300 mètres au pas gymnastique. Cette opération sera répétée chaque mois et, peu à peu, on verra, si l'entraînement est bien conduit, le nombre des pulsations, après l'exercice, se rapprocher de celui des pulsations au repos. On assistera à l'adaptation progressive du cœur au travail qu'on réclame de lui. Cette adaptation se fera d'autant plus régulièrement que les exercices choisis seront mieux appropriés à la constitution des sujets à exercer. *Car le même exercice ne convient pas à tous et la méthode d'éducation physique idéale est celle dont les moyens sont assez variés et qui présente des ressources assez nombreuses pour offrir aux organismes les plus dissemblables le genre d'exercices qui doit leur être appliqué.*

Le pouls de l'adulte bat, en moyenne, 70 fois par minute.

D'une façon générale les mouvements du cœur se ralentissent depuis la première enfance jusqu'à l'âge adulte, mais la courbe qui représente ces différences n'est pas régulière.

AGES.	NOMBRE MOYEN des pulsations.	AGES.	NOMBRE MOYEN des pulsations.
0 à 1	134	6 à 8	93 à 94
1 à 2	111	8 à 14	89 à 87
2 à 4	108	14 à 19	82 à 77
4 à 5	103	19 à 80	75 à 70
5 à 6	98	80 et plus	79

Température du corps humain.

La température moyenne du corps humain est de 37°5. Sous l'influence de l'exercice cette température peut s'élever de 0°5 à 2°.

Le maximum de la température est observé vers 16 heures et répond au moment de la journée où les exercices des systèmes musculaire et nerveux ont leur plus grande activité. Le minimum est vers quatre heures du matin, moment où le ralentissement de ces fonctions est accusé à la suite du sommeil. Les actes de la digestion jouent aussi un grand rôle dans les oscillations quotidiennes de la température.

Les limites extrêmes de la température chez l'homme, compatibles avec la vie, sont entre 44° et 24°, soit un écart de 20° (Doyon). mais il faut savoir que la gravité de l'élévation ou de l'abaissement thermique tient moins au degré enregistré par le thermomètre qu'à la prolongation de cet état anormal. On a observé 44° au cours d'accès palustres chez des sujets qui ont survécu.

L'homme lutte contre la chaleur en augmentant sa déperdition de calorique. Il le fait de deux manières :

1° *Par le mécanisme de la vaso-dilatation périphérique à la faveur de laquelle* le sang pénètre largement dans le réseau veineux sous-cutané et perd par rayonnement une partie de sa chaleur.

2° *Par l'évaporation de la sueur* à la surface de la peau sous l'influence des *nerfs sudoripares* qui provoquent une sécrétion abondante de la sueur. L'action réfrigérante due à ce dernier procédé est importante. En effet, 1 gramme d'eau absorbe, pour se vaporiser, environ 500 microcalories. Ce qui revient à dire que la température de 580 grammes de nos tissus est abaissée de un degré par cette vaporisation.

L'évaporation de 125 grammes d'eau abaissera donc d'un degré la température du corps d'un adulte pesant 72 kil. 500.

Le premier procédé est de beaucoup le moins efficace surtout lorsque la température extérieure s'élève.

Ce qui précède nous donne l'une des raisons pour lesquelles les sports demandant une grande dépense musculaire, dégageant beaucoup de chaleur (football, cross), ne sont pas des sports d'été.

L'évaporation se fait d'autant plus activement que l'atmosphère est plus sèche, d'autant plus lentement que l'air est plus rapproché de son point de saturation par la vapeur d'eau.

L'évaporation n'a pas seulement lieu sur la peau, elle se produit aussi sur la surface pulmonaire. Chaque mouvement d'expiration rejette de l'air saturé de vapeur d'eau. A chaque inspiration, l'air non saturé, venu du dehors, se sature à son tour dans les voies respiratoires et soustrait au sang des poumons un certain nombre de calories. Un adulte d'un poids de 65 kilogrammes perd en 24 heures environ 600 grammes d'eau de cette manière. Cette quantité d'eau absorbe, pour se vaporiser : $600 \times 0,580 = 348$ grandes calories. Pendant un exercice assez vif, cette quantité augmente beaucoup et peut même être décuplée.

Chez les animaux, comme le chien, à peu près complètement privés de glandes sudoripares, la réfrigération du sang se fait presque exclusivement par les poumons. Aussi voit-on de tels animaux dont le rythme respiratoire, au repos, est de 18 ou 20 mouvements par minute, avoir 250 et 300 respirations dans le même laps de temps, lorsqu'ils sont exposés au soleil ou soumis à une course vive. Leur langue pend hors de la gueule et offre le maximum de surface à la vaporisation. La quantité d'eau ainsi évaporée est énorme. Elle peut atteindre chez un chien de forte taille plus de 10 grammes par heure et par kilogramme. D'après les calculs de Richet, cet animal peut, dans ces conditions, faire deux fois plus de froid qu'il ne produit de chaleur.

Au cours des exercices physiques, la température centrale du corps humain ne doit pas sensiblement s'élever chez un sujet sain, sauf lorsqu'il s'agit d'exercices violents et prolongés. Mais à la suite des leçons ordinaires d'éducation physique, une élévation de température de plus de 1/2 degré au maximum doit immédiatement faire soupçonner une lésion organique cachée (insuffisance rénale, ou hépatique souvent) ou encore la présence jusqu'alors méconnue d'un germe pathogène latent. Dans ce dernier cas, il s'agit 80 fois sur 100 du bacille de la tuberculose localisé en un point de l'organisme, presque toujours dans les poumons. Suractivé par la perturbation organique qui accompagne l'exercice physique, il met brusquement en liberté ses toxines. Ces dernières sont essentiellement thermogènes et provoquent l'apparition de la fièvre.

III. — **Plan d'éducation physique.**

Une méthode générale d'éducation physique doit être simple et accessible à tous. Ses procédés doivent être assez variés et assez souples pour s'adapter à toutes les constitutions.

Elle comprendra nécessairement plusieurs groupes d'exercices. Chacun d'eux correspondra à une classe de sujets de valeur physiologique déterminée.

On distingue :

1º **L'éducation physique élémentaire** (prépubertaire), destinée aux enfants de 4 à 13 ans environ ;

2º **L'éducation physique secondaire** (pubertaire et post-pubertaire), s'adressant aux sujets de 13 à 18 ans ;

3º **L'éducation physique supérieure** (sportive et athlétique), s'adressant aux jeunes hommes admis à ce degré et qui peuvent en suivre les pratiques jusqu'au déclin de leur force musculaire (vers 30 ou 35 ans) ;

3 *bis*. **L'éducation physique de l'âge mûr** (après 35 ans) ;

4º **Les adaptations professionnelles.**

Les démarcations indiquées ci-dessus sont moins une règle absolue qu'une simple indication destinée à servir de guide aux instructeurs. Il faut moins tenir compte de l'âge-temps que de l'âge physiologique des sujets pour les classer dans le groupe qui leur convient.

1. Éducation physique élémentaire (ou prépubertaire) intéressant les enfants de 4 à 13 ans environ. L'enfant (garçon ou fille) est, pendant cette période, en pleine croissance.

Il a, avant tout, besoin d'une vigoureuse santé. Aucune adaptation urgente ne s'impose à lui. Il ne saurait être notamment question à cette période de la vie du développement musculaire pour les raisons que nous avons énoncées plus haut.

A cet âge, l'éducation physique sera *hygiénique*. Elle tendra à développer les grandes fonctions respiratoire, circulatoire, articulaire, etc... Elle visera à perfectionner la coordination nerveuse. Mais à aucun moment elle ne développera systématiquement les muscles.

De 4 à 13 ans, l'éducation physique fera l'objet de la surveillance constante du médecin. Les médecins doivent aller fréquemment dans les écoles pour y surveiller l'hygiène d'abord, l'éducation physique ensuite. Ils seront les collaborateurs des éducateurs au cours même des leçons.

A cette période de la vie, aucune autre épreuve n'est possible que l'épreuve médicale. C'est le médecin qui classera les enfants de façon à ce que les mêmes jeux réunissent, autant que possible, des élèves de même valeur physiologique.

Voici comment on peut résumer le cycle de l'éducation physique élémentaire en ce qui concerne les procédés correspondant aux diverses catégories d'enfants :

1° *Pour les plus jeunes enfants* (4 à 9 ans environ) : jeux d'imitation, petits jeux, mouvements éducatifs et correctifs, rondes, marches chantées ;

2° *Pour les moyens* (de 9 à 11 ans environ) : mouvements éducatifs et d'imitation simples, petits jeux, marches chantées, natation ;

3° *Pour les plus grands* (de 11 à 13 ans environ), comme de 9 à 11 ans, avec adjonction d'applications élémentaires (course, saut, grimper, porter. etc.).

2. Éducation physique secondaire. Elle s'étend à l'âge pubertaire et post pubertaire (de 13 à 18 ans). L'âge moyen de la puberté est. dans notre race, entre 11 et 13 ans pour les filles, entre 12 et 14 ans pour les garçons. La puberté met, en moyenne, deux ans à s'installer. Mais ses effets se font encore sentir très vivement sur la nutrition pendant trois années. C'est donc cinq ans à partir du moment de l'apparition de la puberté qu'il faut au jeune garçon pour devenir un homme nubile, un adulte doué de la plénitude de son aptitude à reproduire. Ces faits s'appliquent aux jeunes filles.

Ces cinq années, étendues de l'éclosion de la puberté à la réalisation de la nubilité, correspondent à la période de l'éducation physique secondaire ou post-pubertaire.

Au début de cette période, l'adolescent est encore un enfant, au physique comme au moral. Ses tissus, en voie de transformation, sont le théâtre d'actes nutritifs intenses. Sa résistance est faible, sa force musculaire n'est pas en rapport avec sa taille, sa fonction respiratoire est peu ou pas éduquée. Le sujet, à cet âge, n'a pas une notion exacte de sa force ni des moyens dont il dispose. Il se croit plus fort et plus résistant qu'il ne l'est réellement. Pendant cette phase de la vie, les exercices de force et de fond doivent être exclus, ainsi que tous les exercices violents.

Un peu plus tard, lorsque les modifications apportées à l'organisme par la puberté apparaissent de toutes parts, on constate de la congestion des extrémités osseuses qui rend les articulations particulièrement fragiles, des tiraillements et de la pesanteur péri-articulaires, des douleurs vagues dans les masses musculaires. Le système nerveux a une grande susceptibilité à la fatigue. Le sommeil est souvent troublé quand se produit accidentellement une suractivité musculaire quelconque.

Pendant cette période, l'adolescent est en état de moindre résistance. Il se fatigue très vite et présente parfois des phases de lassitude physique plus ou moins durables.

L'instructeur ne se montrera pas, à l'égard des élèves de cet âge, trop exigeant au point de vue du travail physique.

Il dosera avec une attention particulière les exercices et interviendra pour empêcher toute exagération. Bien des jeunes gens et encore bien plus de parents sont devenus irrémédiablement hostiles à tout exercice physique et surtout aux sports, parce que des accidents répétés ou graves ont interrompu les études de l'élève ou l'ont même rendu infirme.

À une période plus avancée de la vie, vers la seizième ou la dix-septième année, la suractivité nutritive des os s'atténuera; les muscles se développeront rapidement et leurs reliefs apparaîtront. L'adolescent deviendra vraiment un homme; il ressentira une vigueur toute nouvelle. Sa résistance s'accroîtra beaucoup. Toutefois, à cette période avancée de l'adolescence, l'organisme ne présente pas encore une résistance parfaite. Il faut craindre, si l'on abandonne le sujet à toute sa fougue et à toute son ardeur, qu'il ne surmène son cœur ou qu'il ne distende les points faibles de sa paroi abdominale.

Ce que l'on cherchera, à ce moment de la vie, c'est le développement de la poitrine et le simple entraînement du cœur. On y parviendra en ayant recours aux exercices à effets généraux que l'instructeur avait encore rejetés de 13 à 15 ans, c'est-à-dire pendant les trois premières des cinq ou six dernières années que dure la période pubertaire.

Quels seront ces exercices ? D'abord les exercices éducatifs qui intéresseront tour à tour la tête, le cou, les membres supérieurs, les membres inférieurs séparément et ensemble; ensuite des exercices de suspension, des exercices symétriques et asymétriques, d'équilibre, des exercices de marche, de course et de saut, des exercices des muscles dorsaux, latéraux du tronc et abdominaux. Après quoi, seront employés tous les exercices naturels de marche, course et saut, grands et petits jeux.

Les sauts intéressent tous les muscles, mais avec élection les muscles des membres inférieurs; le lever, le grimper et le lancer, les muscles du tronc et des membres supérieurs; la course de vitesse et de fond intéresse les grandes fonctions et développe la résistance générale; les rétablissements, les sauts avec appui des mains et les exercices d'équilibre font ressortir l'audace et la souplesse; la natation, la boxe, la lutte et l'aviron sont des exercices complets.

C'est vers la dix-septième ou la dix-huitième année que le rôle du médecin réapparaîtra encore une fois comme capital. Ce dernier sera appelé à constater les résultats de l'éducation physique secondaire. Son intervention devra être effective. Elle se traduira par la rédaction d'une fiche médicale comprenant l'indication du poids, de la taille, du périmètre thoracique, de l'élasticité thoracique, et celle que donne le spiromètre. A ces énumérations s'ajoutera la constatation de l'état des viscères. Enfin cette période de l'éducation physique sera close par un certain nombre d'épreuves à la suite desquelles le sujet sera jugé ou non en état d'aborder l'éducation physique du troisième cycle, celle qui est dite : éducation physique supérieure (sportive et athlétique).

3. Éducation physique supérieure (sportive et athlétique).

Elle est le couronnement et la conclusion logique des deux périodes précédentes. Elle comprend :

1° *Les exercices éducatifs* ;

2° *Les exercices d'application* : marche, course, saut, escalade, équilibre, lancement, transport de fardeaux, natation, attaque et défense;

3° *Les sports* : hockey, ballon militaire, cricket, bicyclette, ski, pelote basque, tennis, escrime, équitation, natation. aviron, football, rallye, cross-country, lancements divers, lever de poids et d'haltères, boxe, lutte, canne, bâton, jiu-jitsu, etc. ;

4° *Les exercices athlétiques aux agrès* : barre fixe, barres parallèles, anneaux, trapèze, saut au tremplin, etc.

Pendant cette période, l'éducateur recherchera d'abord la réalisation du *type d'athlète complet* : type fait à la fois de force, de fond et de vitesse. Puis spontanément, par le fait de prédispositions naturelles ou de tendances individuelles, naîtra la spécialisation.

3 *bis*. Éducation physique de l'âge mûr.

Après 30 ou 35 ans, âge auquel les exercices athlétiques deviennent pénibles ou même dangereux pour la santé, les exercices physiques demeurent utiles. Ils le sont encore au seuil de la vieillesse. Il n'est pas question de guérir par une gymnastique ou des sports appropriés les infirmités de la pleine sénilité. mais de reculer l'époque de la déchéance et de la cachexie définitives.

En quelques mois on peut, dans l'âge mûr, par des moyens physiques appropriés, obtenir un rajeunissement remarquable, redresser la taille, supprimer son empâtement, donner au visage le coloris de la bonne santé, rendre aux muscles leur souplesse et à la démarche son élasticité, faire renaître le sommeil, l'appétit et les forces.

L'exercice modéré et certains sports, en régularisant la désassimilation et en excitant l'assimilation, reculent l'heure de l'apparition de la vieillesse.

A tout âge on peut espérer une réforme heureuse d'un organisme encombré de toxines et de poisons, en employant une série de moyens et de procédés qui feront ci-après l'objet d'un chapitre spécial.

4. Adaptations professionnelles

A ce but général s'ajoute forcément des buts particuliers, comme par exemple les adaptations à une fonction donnée professionnelle, militaire, etc. On a quelquefois pensé que ces adaptations pouvaient constituer à elles seules toute l'éducation physique. — Si séduisante ou commode que paraisse cette théorie, elle est controuvée tant par les lois physiologiques que par les faits. — Le développement général rend facile et rapide toute adaptation spéciale et assure encore son perfectionnement ultérieur. D'autre part, cette confusion a limité les adaptations spéciales qu'il convient d'étudier dans chaque cas avec précision.

CONCLUSION. — L'éducation physique *commencée dès le foyer, poursuivie à l'école et s'épanouissant dans les sports*, doit beaucoup aider à la renaissance de la race française, présentement anémiée par une formidable saignée. En détournant la jeunesse du cabaret et en l'exerçant au grand air, les compétitions sportives représentent peut-être le moyen le plus efficace que nous ayons contre l'alcoolisme et la tuberculose.

PREMIÈRE PARTIE.

ÉDUCATION PHYSIQUE ÉLÉMENTAIRE.

(ENFANTS DES DEUX SEXES DE 4 A 13-14 ANS.)

CHAPITRE PREMIER.

BUT, PRINCIPES ET ORGANISATION DE L'ÉDUCATION PHYSIQUE ÉLÉMENTAIRE.

1. BUT. — Développer normalement les facultés physiques de l'enfant, parallèlement avec ses facultés mentales, selon les lois physiologiques de la croissance.

2. Ce développement normal assure la santé, la vivacité, l'équilibre nerveux et la robustesse de l'enfant ; il exerce une action bienfaisante sur ses qualités intellectuelles et morales.

3. PRINCIPES. — L'éducation physique élémentaire repose sur les principes généraux suivants :

1° Détermination de groupes aussi homogènes que possible, au point de vue de l'âge physiologique ;
2° Classification des exercices et jeux convenant à chaque groupe ;
3° Attrait des exercices ;
4° Contrôle périodique sur l'éducation physique.

4. 1er Principe. — *Détermination de groupes homogènes, au point de vue physique. Fiche individuelle.* — La *détermination* des groupes homogènes, qui seront exercés ensemble, sera faite par le médecin, après visite médicale initiale (dans les écoles, dès le début de l'année scolaire). Il serait dangereux de vouloir déterminer la valeur physique des enfants à l'aide de performances ; leur amour-propre exagéré et leur instabilité physique enlèvent toute valeur réelle à ce genre de détermination.

En principe on envisagera les groupes suivants :

    a) de 4 à 6 ans :
    b) de 6 à 9 ans ;
    c) de 9 à 11 ans ;
    d) de 11 à 13-14 ans.

Ces chiffres sont de simples indications. — Au cours de sa visite initiale, le médecin indique à quel groupe seront rattachés les enfants, quel que soit leur âge, en tenant compte surtout de leur stade de croissance, indiqué par leurs proportions corporelles et leur état général. Il indique de même ceux qui doivent être dispensés de tout exercice ou de certains exercices; il en donne à l'éducateur les causes et indique les exercices, d'ordre médical, propres à y remédier, s'il y a lieu.

Fiche. — Une fiche individuelle est établie pour chaque enfant, selon les indications et les mensurations du médecin. Cette fiche est destinée à suivre l'enfant jusqu'à l'âge adulte.

5. **2ᵉ Principe.** — *Classification des exercices et jeux convenant à chaque groupe.* — L'éducation physique élémentaire, correspondant aux groupes normalement homogènes *a*, *b*, *c* et *d*, comprend pour chacun d'eux :

a) de 4 à 6 ans. Comme ci-après de 6 à 9, mais en groupe à part.

b) de 6 à 9 ans. Petites évolutions. — Rondes chantées. — Jeux et mouvements d'imitation. — Exercices éducatifs et correctifs mimés. — Petits jeux collectifs. — Jeux respiratoires.

c) de 9 à 11 ans. Évolutions et formations simples. — *Mouvements éducatifs* à mains libres. — Éducation respiratoire. — Exercices et jeux mimés. — Petits jeux collectifs. — Préparation aux applications. — Éducation sensorielle. — Natation.

d) de 11 à 13-14 ans. Comme de 9 à 11 ans. De plus, *applications élémentaires*.

6. **3ᵉ Principe.** — *Attrait des exercices.* — L'éducation physique monotone et sévère ne convient ni à l'enfant ni à l'adulte. — L'attrait de l'éducation physique élémentaire est assuré par le mélange des exercices et mouvements avec des petits jeux, soigneusement choisis, parmi les plus éducatifs, selon l'âge des groupes.

Outre la gaité dans la leçon, le petit jeu donne la vivacité générale et prépare aux grands jeux et aux sports.

7. **4ᵉ Principe.** — *Contrôle périodique de l'éducation physique élémentaire.* — L'éducation physique doit être contrôlée, tant pour juger des résultats généraux obtenus que pour guider l'éducateur et le médecin dans les déclassements individuels nécessaires et dans le dosage des leçons. Ce contrôle ne peut être fait que par le médecin aidé par l'éducateur.

Le médecin répète sa visite initiale avant les vacances de Pâques et avant les grandes vacances. Les résultats de ces visites sont inscrits sur la fiche physiologique par l'éducateur. (Voir modèle Annexe n° 2.)

Pour ce contrôle, le médecin utilise tous les procédés de mensuration utiles (taille, poids, périmètres thoraciques, spirométrie). (Voir Annexe n° 2.)

A la fin des études primaires (certificat d'études primaires), il sera exécuté quelques mouvements choisis parmi ceux du programme de la catégorie physique de l'enfant. — Cet examen comportera *une partie de leçon complète* exécutée par tous les candidats, ce qui permettra de se rendre compte de leur valeur d'ensemble et de quelques épreuves individuelles. — Exemple : saut en longueur, suspension allongée, traction des bras.

8. ORGANISATION. — L'organisation de l'éducation physique élémentaire résulte de la formation des groupes indiqués ci-dessus. Dans les écoles, l'éducateur est soit un instituteur breveté, soit un professeur d'éducation physique pourvu des diplômes officiels. Le contrôle médical est effectué par le médecin désigné pour la surveillance scolaire. L'ensemble de cette organisation et de l'éducation est vérifié et inspecté par des inspecteurs d'éducation physique.

CHAPITRE II.

COMPOSITION. — QUALITÉ ET CONDUITE
DES LEÇONS.

9. L'éducation physique élémentaire est donnée par leçons collectives et complètes, *sauf l'exception ci-après (groupes de 4 à 9 ans et séances d'études).*

10. On appelle *leçon complète* une série de mouvements et jeux combinés de telle sorte qu'à la fin de la leçon l'élève ait mis en action successivement tous ses moyens physiques. — Les mouvements et jeux sont classés dans l'ordre ci-après selon les exercices fondamentaux auxquels ils préparent, savoir :

1. *Marcher.* — 2. *Grimper, Escalader, Equilibre.* — 3. *Sauter.* — 4. *Lever et porter.* — 5. *Courir.* — 6. *Lancer (main et pied).* — 7. *Attaque et défense.*

La leçon commence par une mise en train et se termine par des exercices d'ordre et de retour au calme.

11. Durée des leçons. — La leçon du groupe de 4 à 6 ans dure au plus 15 minutes. Les leçons des autres groupes durent 25 à 45 minutes. *Elles sont journalières.*

12. Heures des leçons. — Les leçons sont données de préférence aux heures les plus éloignées des repas, de manière à couper le temps consacré aux classes *et en dehors des récréations ordinaires.* En principe, les heures les plus convenables sont, en hiver, l'après-midi, de 2 h. 30 à 3 h. 30, et, en été, le matin de 8 h. 30 à 10 heures.

13. Tenue. — 1° *Garçons.* — Tête nue, tricot ou chandail en hiver, torse nu en été, culotte courte, jambes nues, espadrilles.

2° *Filles.* — Tête nue, blouse ample, culotte, jambes nues, espadrilles, ceinture ou bretelles souples à l'exclusion des ceintures caoutchoutées et des corsets.

14. Emplacement. — *En plein air*, sur terrain aménagé; à défaut, cour; en cas de mauvais temps, préaux ouverts, gymnases aérés non poussiéreux.

15. Qualité de la leçon des groupes de 9 à 13-14 ans. — La leçon doit être non seulement *complète*, mais encore *continue, alternée, variée, attrayante, progressive* jusqu'à la première moitié de son cours environ, *dégressive* dans la deuxième moitié, *respiratoire. La leçon est* *continue* quand elle n'est coupée par aucun autre repos que le changement d'exercices ou les explications de l'éducateur.

Elle est *alternée* quand elle présente une succession d'exercices intéressant alternativement les jambes et les bras.

Elle est *variée* quand l'éducateur y apporte fréquemment des changements d'exercices ou de jeux puisés dans les tableaux d'éléments.

Elle est *attrayante* si les exercices sévères sont judicieusement mélangés de jeux et si les jeux sont réellement « joués » et non traités comme un exercice.

Elle est *progressive, dégressive* si l'intensité des exercices va en augmentant jusqu'à la moitié de la leçon pour décroître ensuite.

Elle est *respiratoire* par le choix même des exercices et par le bon emploi des exercices respiratoires.

16. Toutes ces qualités sont réalisées, si l'on observe avec soin les dispositions indiquées pour la composition d'une leçon dans l'ordre des exercices donnés au paragraphe 10. Les exercices de saut, de lever-porter et de course marquent le sommet de la leçon. Toujours exercer également les membres gauches et les membres droits.

17. *Exceptions à la leçon complète.* — (Groupes de 4 à 6 ans et de 6 à 9 ans et *séances d'études.*)

a) Le *groupe de 4 à 6 ans (maternelles)* n'exécute pas de leçons complètes. — L'éducateur choisit dans les éléments du chapitre III (4 à 9 ans) 3 ou 4 exercices ou jeux intéressant toutes les parties du corps. Il les enseigne aux enfants de façon qu'ils soient capables à 6 ans d'exécuter la leçon prévue pour le groupe de 6 à 9 ans.

b) Le *groupe de 6 à 9 ans* exécute des leçons spéciales déterminées par le chapitre III.

c) La *séance d'études* est celle où l'on apprend sans hâte les divers éléments de leçons.

18. Composition des leçons. — Pour composer une leçon, en faire d'abord le canevas selon le groupe d'enfants dont il s'agit et d'après les indications des chapitres suivants. Ce canevas comprend la *mise en train, sept familles d'exercices alternés* et le *retour au calme.*

Choisir les exercices ou jeux dans les tableaux d'éléments, en commençant par les plus faibles. Introduire dans le canevas le nombre d'exercices et jeux indiqués par le *régime de la leçon.* Voir les exemples de leçons ci-après.

Nota. — Les exercices ne convenant pas aux filles sont en *italiques.* Ceux qui leur sont particuliers sont indiqués : *Filles.*

19. Régime de la leçon. — On appelle *régime de la leçon* la proportion de mouvements éducatifs, de jeux ou d'applications que doit comprendre chaque famille d'exercices fondamentaux, au cours de la leçon complète.

20. Conduite de la leçon. — *a)* La conduite d'une leçon est surtout une question de **pratique pédagogique** de la part de l'éducateur. La meilleure manière de se rendre compte de l'intensité d'un exercice est de l'exécuter soi-même. En outre, l'observation attentive des élèves, l'apparition normale d'un léger essoufflement **ou** de la sueur donnent également de précieuses indications.

b) Avant la leçon, faire moucher, uriner, etc... Examiner la propreté du corps et faire laver la peau s'il y a lieu pour faciliter sa fonction au cours de la leçon.

c) Mise en train. — Vive par temps froid ou humide, lente par temps chaud ou normal.

d) Leçon proprement dite. — Consacrer les premières séances à l'étude des exercices et jeux choisis pour composer la première leçon complète. Dans la leçon complète, conduire les exercices et jeux de façon à ne pas prolonger les uns aux dépens des autres. En principe, cesser un exercice ou jeu dès qu'il a produit l'effet voulu. Exiger peu à peu le silence et l'ordre dans les exercices. Au contraire, *laisser une détente complète dans les jeux (rire, crier, etc.).* Soigner particulièrement le *développement respiratoire nasal.*

e) Retour au calme. — Obtenir le calme dans l'organisme; disparition de tout essoufflement ou sueur. Vérifier le pouls, la respiration de quelques sujets.

21. Commandement. — *a) Pour les mouvements.* — Obtenir l'attention par le commandement *Attention.* (Ne pas exiger le garde à vous militaire absolu.)

A l'imitation, exécuter et faire exécuter l'exercice après l'indication : « Faites comme moi ».

A commandement, indiquer et montrer l'exercice à faire, commander au besoin « En position », puis « Commencez ».

Éviter de compter sans cesse, à moins qu'il ne s'agisse spécialement d'exercices rythmés. Faire varier le rythme.

Le commandement de « Cessez » comporte le retour à la position de départ.

Se placer de façon à voir tous ses élèves et à être vu d'eux.

Dans les déplacements, laisser marcher librement, mais à sa place dans le groupe.

Employer si l'on veut le sifflet pour remplacer les commandements de « Commencez », « Cessez ».

b) Pour les jeux. — Indiquer le jeu en disant : « Nous allons maintenant jouer à tel jeu » — « Jouez » — puis coup de sifflet pour faire cesser et reprendre la formation qu'indique l'éducateur.

22. Chant. — Le chant a des effets physiologiques sur l'action respiratoire. Le chant n'est ici *qu'un moyen*. Il doit être court. Mais il est recommandé de chanter juste autant que possible. A la fin de la leçon, le chant est un moyen de contrôle.

CHAPITRE III.

TABLEAU DES ÉLÉMENTS ET EXEMPLES DE LEÇONS POUR ENFANTS DE 4 A 9 ANS.

(Garçons et Filles.)

Durée de la leçon : 15 à 25 minutes.

Deux groupes { 1° de 4 à 6 ans.
2° de 6 à 9 ans.

23. BUT. — Assurer la santé et l'harmonie des fonctions organiques. — Distraire les enfants en utilisant les moyens naturels et leur faculté d'imitation.

Éduquer l'ouïe, la vue et le toucher.

24. PROGRAMME. — Rondes, jeux et mouvements d'imitation, petits jeux collectifs, jeux respiratoires.

25. TABLEAU DES ÉLÉMENTS POUR COMPOSER LES LEÇONS.

1° Mise en train. - - *a) Evolutions.*

> Colonne par un.
> Marche sur la pointe des pieds.
> Marche avec élévation des genoux.
> La serpentine.
> Les cercles.
> L'escargot.
> La chaîne roulée.

b) Rondes avec chants.

> Le pont d'Avignon.
> Savez-vous planter les choux.
> La Mère Michel.
> Il court, il court le furet.
> Rondes avec arrêts en positions et attitudes diverses, etc...

c) Habituer l'enfant à prendre petites formations et différentes distances.

d) Jeux d'imitation.

> Le chemin de fer.
> Le nain et le géant.
> Les mains brûlent.
> Mort et vivant.
> Le héron.
> Les hommes de bronze.

La pendule.
La course à la mouche.
L'envolée des oiseaux.
Le polichinelle.
La culbute en avant (en boule).
Le cheval au manège.

2ᵉ Leçon proprement dite. — *a) Mouvements d'imitation*.

Le pompier.
Le balayeur.
Le dessinateur.
Le sonneur de cloches.
Le rémouleur.
Le joueur d'orgue.
Le menuisier.
Le nageur (bras).
Le tireur d'eau.
Le nageur (jambes).
Le tailleur (assis et debout).
Le cycliste (couché sur le dos, mouvements des jambes).
La marche des gendarmes.
Le boxeur.

b) Exercices mimés (à l'imitation du professeur).

Mouvements des bras.
Mouvements des jambes.
Mouvements du tronc.
Exercices d'équilibre.
Flexion et extension des membres inférieurs, etc.

(Ne pas rechercher particulièrement la correction parfaite, mais veiller surtout à une bonne exécution en évitant la raideur et les attitudes maintenues.)

c) Petits jeux collectifs.

La chandelle.
Le chat et la souris.
Les prisonniers.
Colin-maillard.
Les coins.
Pigeon vole modifié (à la voix et au sifflet).
L'aéroplane.
L'Ogre et le Petit Poucet.
Le loup et l'agneau.
Petites courses avec arrêts en positions et attitudes variées.

3ᵉ Exercices d'ordre et de retour au calme. — *a) Jeux respiratoires*.

La soupe trop chaude.
Souffler la chandelle.

Les bulles de savon.
Le soleil.
La fusée.
Imiter le sifflet de la locomotive.
Le cocorico prolongé.
La sirène.
Le chanteur.
Sentir la fleur.
Boire dans le creux de sa main.

b) Rondes et marches lentes à volonté, avec ou sans chants.

c) Exercices respiratoires.

Respiration nasale.
Respiration nasale gauche en fermant la narine droite avec le doigt sans exagérer la pression.
Respiration nasale droite (même recommandation).
Respirer en portant les épaules en arrière.
Respirer en exécutant la circumduction des épaules.
Même exercice avec élévation des bras fléchis latéralement.

26. Nota. — Les exercices respiratoires (3 ou 4 respirations amples et profondes) seront faits au cours de la leçon chaque fois que le professeur le jugera utile, *mais sans exagération.* Ils sont obligatoires à la fin de la mise en train et dans les exercices d'ordre et de retour au calme.

Ces exercices sont difficiles à obtenir des tout jeunes enfants, autrement que sous la forme des jeux indiqués. Il faut cependant y attacher la plus grande importance, l'intégrité de l'appareil respiratoire étant l'une des bases du développement de l'enfant et de l'adolescent. (Songer aux végétations chez l'enfant qui ne prend pas de plaisir aux jeux, qui est peu intelligent, etc.).

27. EXEMPLES DE LEÇONS D'ÉDUCATION PHYSIQUE ÉLÉMENTAIRE.

Enfants de 4 à 6 et de 6 à 9 ans (Garçons et Filles).

28. 1ᵉ Exemple de leçon.

I. Mise en train. — Donnez-vous la main et formez un rond.

Rondes avec chants (savez-vous planter les choux, les planter avec la main, les pieds, les genoux).

Le chemin de fer (les élèves se placent les uns derrière les autres et se tiennent par les épaules. Imiter le bruit de la locomotive en accélérant progressivement l'allure pour revenir ensuite à la marche normale). Exercices respiratoires.

II. Leçon proprement dite. — *a) Mouvements d'imitation.*

Les pompiers (en ligne) flexion et extension des jambes.
Le sonneur de cloches (en ligne) flexion et extension du tronc.

b) Exercices mimés.

Le professeur fait face aux élèves qui exécutent en même temps et sans arrêt les exercices démontrés.

Elévation des bras tendus en avant, sur le côté, verticalement.
Elévation de la jambe fléchie en avant.
Elévation de la jambe fléchie sur le côté.
Le rythme sera lent pour commencer. Les mouvements seront exécutés bien liés pour *éviter les attitudes maintenues.*

c) Petits jeux collectifs.

Les prisonniers.
L'Ogre et le Petit Poucet.

III. Exercices respiratoires d'ordre et de retour au calme.

La soupe trop chaude.
Exercices respiratoires en portant les épaules en arrière.
Rondes marchées avec chants.

29. 2ᵉ Exemple de leçon spéciale (6 à 9 ans).

I. Mise en train. — Formez la colonne par 1.
Formez le cercle et donnez-vous la main.
La chaîne roulée.
Lâchez-vous les mains et en position pour le cheval au manège (au pas, au trot, au galop, sur place).
Respirez.

II. Leçon proprement dite. — *a) Mouvements d'imitation.*

Le tailleur (flexion des membres inférieurs), s'asseoir sur le sol et extension rapide pour se replacer debout.
Le nageur (mouvements des bras seuls).
Le *cycliste* (couché sur le dos), imiter le mouvement de pédaler, augmenter progressivement la vitesse.

b) Exercices mimés.

Sauter jambes écartées, en élevant les bras tendus latéralement.
Elever les bras à la position verticale.
Abaisser les bras en avant en fléchissant le tronc, les mains jusqu'au sol. — Se redresser lentement, extension du tronc, bras verticaux.
Abaisser les bras à la position latérale.
Fléchir le tronc latéralement à gauche, main gauche

rapprochée du sol, bras droit étendu verticalement dans le prolongement du bras gauche.

Même exercice à droite.

Sursaut pour rassembler les jambes, bras dans le rang.

Recommencer ces exercices 3 ou 4 fois.

c) *Petits jeux collectifs.*

Pigeon vole modifié.

Le loup et l'agneau (former plusieurs jeux de 12 élèves au maximum).

III. Exercices respiratoires et retour au calme.

La fusée.

Le soleil.

Boire dans le creux de sa main.

Exercices respiratoires avec circumduction des épaules.

Rondes lentes avec chants.

30. Nota. — 1° L'exécution d'une leçon complète est précédée de *séances d'études* au cours desquelles on apprend sans hâte aux enfants les exercices et les jeux qui serviront à composer les leçons. Ce n'est que lorsque ces éléments sont suffisamment connus que le professeur fait exécuter une leçon complète. Par la suite, il change de temps à autre un ou deux exercices ou jeux de manière à varier les leçons et à en graduer légèrement l'intensité, à mesure que les enfants connaissent les divers éléments des leçons de leur catégorie.

2° Éviter toute rigidité, toute contraction statique, toute immobilité prolongée et toute monotonie du rythme. Avec les exercices mimés, il est absolument inutile de faire compter les temps par les élèves.

CHAPITRE IV.

TABLEAU DES ÉLÉMENTS ET EXEMPLE DE LEÇONS POUR ENFANTS DE 9 A 11 ANS.

(Garçons et Filles.)

Durée de la leçon : 25 à 30 minutes.

31. BUT. — Assurer la santé. Développer normalement les fonctions organiques et particulièrement la fonction respiratoire. Perfectionner harmonieusement l'organisme mental, nerveux et musculaire, ce dernier sans exagération. Perfectionner l'ouïe, la vue et le toucher. Combattre les mauvaises attitudes. Rechercher la vivacité.

32. Programme. — Mouvements éducatifs simples. Éducation respiratoire. — Mouvements d'imitation, petits jeux collectifs et préparation aux applications.

33. Régime de la leçon. — En principe, un mouvement éducatif ou d'imitation par famille d'exercices et deux jeux collectifs.

34. Nota. - - I. Chaque fois que cela sera possible, promenade dans la campagne avec jeux d'éducation sensorielle (ouïe, vue, toucher).

II. Remplacer peu à peu une leçon sur six par un ou deux jeux seulement, encadrés cependant de la mise en train et du retour au calme. Choisir alors ces jeux parmi ceux qui présentent des règles et enseigner la discipline de jeu, la solidarité d'équipe, *très strictement*, en faisant comprendre la supériorité sur le système « chacun pour soi », qui ne fait jamais gagner. (*Préparation aux sports.*)

Exemple de ces jeux : Le ballon libre (à la main). Le volley-ball..., etc.

35. — TABLEAU DES ÉLÉMENTS POUR COMPOSER LES LEÇONS.

1° Mise en train. — a) *Evolutions et formations simples.*

Colonne par 1, par 2, par 3, par 4.
A gauche. A droite.
Rompre et se rassembler.
Prendre les différentes distances.
Marches normales à différentes cadences.
Marches chantées.

b) Mouvements éducatifs.

Bras. — Mouvements n°ˢ 1, 2, 3, 4, 5, 6, 7, 11, 12, 13.
(Voir Annexe n° 1.)

1. Porter les épaules en avant et en arrière.
2. Circumduction des épaules.
3. Circumduction des bras d'avant en arrière.
4. Circumduction des bras d'arrière en avant.
5. Circumduction des bras croisés devant le corps.
6. Petites et grandes circumductions avec extension et flexion des mains et des doigts.

Ces exercices s'exécutent de pied ferme en marquant le pas et en marchant (coordination, éducation du système nerveux).

Jambes. — Flexion et extension des membres inférieurs. Exercices n°ˢ 8, 9 et 10. (Voir Annexe n° 1.)

Tronc. — Fente fléchie en avant, obliquement et latéralement. Exercices n°ˢ 15, 16 et 17. (Voir Annexe n° 1)

Mouvements combinés.

1. Fente avant avec mouvement n° 5 de l'Annexe n° 1.
2. Fente latérale avec mouvement n° 3 de l'Annexe n° 1.
3. Fente oblique avec élévation d'un bras dans le prolongement du tronc.
4. Fente fléchie avec mouvements de bras.
5. Flexion des membres inférieurs et fente en avant.
6. Flexion des membres inférieurs et fente latérale.

Mouvements dyssymétriques.

1. Circumduction des poignets en sens opposé.
2. Le charcutier.
3. Circumduction des deux bras parallèles.
4. Tirer la sonnette du bras gauche et tourner la manivelle du bras droit.
5. Cercle des mains en sens opposé, etc.

2ᵉ Leçon proprement dite.

1ᵉ Marcher. — *a) Mouvements éducatifs.*

1. Marche des gymnastes (en se séparant à droite et à gauche).
2. Marche sur la pointe des pieds.
3. Marche allongée avec grand balancement des bras.
4. Marche au pas de chasseurs (extension).
5. Marches en avant, en arrière, de côté, oblique.
6. Marche avec circumduction des épaules.
7. Marche en flexion du tronc.

Il est préférable de ne pas cadencer tous ces mouvements.

b) Mouvements d'imitation.

1. La serpentine.
2. La spirale.
3. L'étoile.
4. Cercles intérieurs et extérieurs.
5. Les ailes du moulin.
6. Les canards.
7. Le quadrupède.
8. Le crabe.
9. Le géant.
10. L'homme-serpent.
11. Les mille-pattes.

2° Grimper. Escalader. Équilibre. — *a) Mouvements éducatifs. Équilibre.*

1. Tenir en équilibre un bâton dans la main sur place et en marchant.
2. Elever le genou et le maintenir dans les deux mains, doigts croisés.
3. Elever la jambe tendue en avant, bras tendus en avant.
4. Elever la jambe tendue latéralement, bras latéraux.
5. Elever la jambe tendue en arrière, bras verticaux.
6. Elever la jambe tendue en arrière, avec circumduction lente des bras.

Suspension.

1. Barre à hauteur de ceinture, suspension inclinée, pieds au sol, bras allongés, bras fléchis.
2. Suspension inclinée, élever le genou, étendre la jambe.
3. Suspension inclinée, élever la jambe tendue.
4. Mêmes suspensions et mêmes mouvements en diminuant la hauteur de la barre.
5. Sauter à la suspension allongée à une barre ou aux deux barres; à terre et exécuter le mouvement plusieurs fois.
6. Suspension allongée à une barre ou aux deux barres, élévation du genou.
7. Suspension allongée (une barre), translation latérale.
8. Suspension aux deux barres. — Progression en avant, en arrière.

Appui.

1. Appui au mur, flexion des bras.
2. Barre ou poutre à hauteur de ceinture, sauter à l'appui tendu (plusieurs fois).
3. Poutre à faible hauteur, progression à cheval, en avant et en arrière.
4. Se tenir en équilibre sur une jambe (gauche et droite).
5. S'asseoir sur la poutre, se mettre à cheval et debout.

6. Sur la poutre, marcher debout, en avant, sur le côté, en arrière, se tenir sur une jambe, faire demi-tour.

b) Mouvements d'imitation.

1. Le boxeur.
2. Le grimpeur.
3. Le nageur.
4. Le puits.
5. La roue.
6. Les rameurs.
7. *Le cycliste sur le dos.*
8. Chat perché (équilibre).
9. Chat suspendu (arbres, perches, cordes).
10. L'écureuil (de plus en plus haut à chaque coup de sifflet).

3° Sauter. — *a) Mouvements éducatifs.*

1. Sautillements sur place, jambes tendues.
2. Sautillements sur place avec écartement latéral des jambes.
3. Sautillements sur place avec écartement des bras et des jambes (le pantin) [en deux temps].
4. Sauts sur place avec élévation des genoux.
5. Sautillements en avant et en arrière.
6. Sautillements latéraux.
7. Sautillements successifs, avec extension du tronc, les bras s'élevant verticalement.
8. Balancement des bras avec flexions coordonnées des jambes.
9. Même mouvement et impulsion avec circumduction des bras.
10. Flexion des jambes avec élévation des bras (chute).
10 *bis.* Sauts sans élan (longueur et hauteur).
11. Plusieurs pas d'élan et sauter en longueur.
12. Même mouvement et sauter en hauteur (faible) de face et de côté.

-- Nota. L'appel pour les exercices 11 et 12 sera fait alternativement sur le pied droit et sur le pied gauche.

b) Jeux.

1. Le cloche-pied.
2. Les coins sur un pied.
3. Le saut à la corde.
4. Pigeon vole modifié avec sauts.
5. Le pas de géant.
6. Les jarcotons.
7. La poursuite à cloche-pied.

4° Lever. Porter. — *a) Mouvements éducatifs.*

1. Station écartée, flexion et extension complète du tronc.

2. Même mouvement, en élevant les bras latéralement.
3. Station écartée, flexion latérale du tronc.
4. Station écartée, bras tendus latéralement, porter la main le plus bas possible vers le mollet.
* 5. Fente avant avec élévation des bras tendus dans le prolongement du tronc.
6. Rotation du tronc en élevant les bras latéralement.
7. Circumduction du tronc.

b) Mouvements d'imitation.

1. Le boulanger.
2. Le scieur de long (face à face).
3. Le faucheur (droite et gauche) sur place et en avant.
4. Le scieur de pierres.
5. Les pompiers (face à face).
6. La manivelle.
7. Les rameurs (assis mains liées).
8. La vague (en ligne et en colonne).
9. Le terrassier.
10. La bascule dorsale (assis).
11. La chaise à porteurs.
12. La cruche et les pots de beurre.
13. Porter un objet sur la tête (plaquette de bois, balle ou ballon en équilibre, paniers, etc.).

5° Courir. — a) Mouvements éducatifs.

1. Sautillements d'une jambe sur l'autre avec élévation du genou.
2. Lancer la jambe en avant, latéralement, obliquement, en arrière.
3. Elévation rapide du genou, près de l'épaule et extension complète de la jambe en avant.
4. Elévation rapide du genou.
5. Evolutions en courant en avant, en arrière, latéralement, avec élévation des genoux.
6. Courir, s'arrêter, repartir.

Ne pas cadencer ces mouvements.

b) Jeux.

1. La queue leu-leu.
2. Les courses attelées.
3. La balle au pot.
4. Les petits paquets.
5. Le loup et les moutons.
6. La balle au chasseur.
7. L'épervier.
8. Les coins.
9. Courses au cerceau.
10. Les gendarmes et les voleurs.
11. Le chat coupé.

12. Pile ou face.
13. La navette.
14. Le chat malade.

6° **Lancer.** *a) Mouvements éducatifs.*

1. Station demi-écartée, circumduction des bras alternativement d'avant en arrière et d'arrière en avant.
2. Station demi-écartée, circumduction des bras simultanément d'arrière en avant et d'avant en arrière.
3. Station écartée, rotation du tronc, en élevant les bras latéralement.
4. Même exercice que 3 en combinant la flexion et la rotation du tronc.
5. Fente avant, mouvement des bras étendus dans un plan vertical et flexion du tronc.
6. Même exercice que 5 en rassemblant sur la jambe avant.
7. Fente avant, mouvement des bras étendus dans un plan horizontal et rotation du tronc.
8. Passer de la fente avant à la fente arrière en fléchissant alternativement sur la jambe avant, puis arrière, bras étendus le long du corps (répéter ces exercices à gauche et à droite).
9. Geste de lancer la balle, bras fléchis.
10. Geste de lancer la balle, bras étendus, par en haut.
11. Geste de lancer la boule par en bas.
12. Geste de lancer le poids.
13. Geste de lancer le javelot.
14. Geste de lancer le disque.

Nota. — Tous ces mouvements sont exécutés du bras droit et du bras gauche (et à vide sauf le lancer de balle).

15. Lancer le ballon avec l'un et l'autre pied.

b) Mouvements d'imitation.

1. Le jongleur (imitation).
2. Le moulin à vent.

c) Jeux.

1. Le tir au pigeon.
2. Courir, lancer une balle et la rattraper avant qu'elle touche le sol.
3. Passe-passe avec pierres légères ou ballons, à deux mains (augmenter progressivement les distances).
4. Le va-et-vient (à deux).
5. Lancer une balle à un adversaire qui l'attrape et la relance immédiatement (compétition par groupe).
6. La balle en posture.
7. La balle au pot.
8. Le massacre.
9. La balle au terrain acquis.

10. Etude de la balle au mur.
11. Le va-et-vient au pied. (Lancer un ballon placé sur le sol à un adversaire qui le reçoit dans les mains et le renvoie avec le pied.)
12. Le volley-ball. — *Filles* : Les grâces, le volant, le diabolo.

7° Attaque et défense. — *a) Mouvements éducatifs et d'imitation.*

1. Imiter le boxeur (pieds et mains).
2. Lutte d'épaules (répulsion).
3. Lutte de côté (répulsion).
4. Lutte dos à dos (répulsion).
5. Pousser par derrière un camarade qui résiste.
6. Boxe (la garde, étude des coups de poing directs).
7. Prise des poignets.
8. Prise des avant-bras.
9. Prise au corps (l'un cherche à exécuter la prise, l'autre cherche à l'éviter).
10. Lutte de traction par les poignets.

b) Jeux.

1. On ne passe pas (face à face).
2. Les deux camps.
3. *Manchot est maître chez soi.*
4. *Le combat de coqs.*
5. Les chandelles empoisonnées.
6. Le ballon libre (à la main).

3° Exercices d'ordre et de retour au calme.

Marche lente. — Jeux ou exercices respiratoires — Marche avec chant ou sifflet (contrôle).

NATATION. — ÉDUCATION SENSORIELLE.

Natation. — 1° Faire exécuter les exercices de natation à sec, coordonner les mouvements de bras et de jambes.

2° Habituer l'enfant, dans un endroit où il a pied, à se mettre à l'eau, à immerger la tête, à jouer avec un ballon ou un objet brillant plus lourd que l'eau.

3° Faire exécuter les exercices de natation avec calme, l'enfant étant soutenu par l'instructeur.

Ouïe. — Vue. — Toucher. — *Ouïe.* 1. Aller dans la campagne, faire écouter les bruits lointains et en faire donner l'interprétation. — 2. Jeux d'écoute.

Vue. 1. Aller dans la campagne, faire regarder et décrire des objets naturels lointains. — 2. Jeux de vue.

Toucher. 1. Jeux de toucher avec interprétation sans l'aide de la vue ni de l'ouïe.

36. EXEMPLE DE LEÇON POUR ENFANTS DE 9 A 11 ANS.

Garçons et Filles. — Durée : 30 minutes.

1° Mise en train. — Rassemblement sur deux rangs. Se former par quatre, marches avec chants. Marche des gymnastes (en se séparant à droite et à gauche), faire un tour et revenir à sa place (formation favorable pour un terrain étroit).

Bras et jambes. — En marchant, élever les bras verticalement (4 temps). En marchant, élever les bras latéralement, poignets en souplesse (4 temps).

Tronc. — Sur place, flexion et extension du tronc (en souplesse). En marchant, mouvements d'épaules en avant et en arrière avec exercices respiratoires.

Exercices dyssymétriques. — Le charcutier.

2° Leçon proprement dite.

1° *Marcher.*	Marche sur la pointe des pieds.
2° *Grimper.*	Elévation du genou ; le maintenir dans les deux mains, doigts croisés.
3° *Sauter.*	Sautillements sur place avec écartement latéral des bras et des jambes. Jeu : pigeon vole avec sauts.
4° *Lever-porter.*	Flexion latérale du tronc (en portant un bras au-dessus de la tête et en partant de la station écartée).
5° *Courir.*	Sautillements d'une jambe sur l'autre avec élévation du genou.
6° *Lancer.*	Station demi-écartée. Les ailes du moulin. Jeu : balle au terrain acquis.
7° *Attaque et défense.*	Lutte de côté (se tirer).

3° Exercices d'ordre et de retour au calme.

Marche lente en respirant.
Marche avec chant. S'arrêter et rompre les rangs.

CHAPITRE V.

TABLEAU DES ÉLÉMENTS ET EXEMPLES DE LEÇONS POUR ENFANTS DE 11 A 13-14 ANS.

(Garçons et Filles.)

Durée de la leçon : 30 à 45 minutes.

37. BUT. — Comme de 9 à 11 ans. Donner aux exercices un caractère déjà plus utilitaire (applications élémentaires).

38. PROGRAMME. — Mouvements éducatifs à mains libres.
Education respiratoire.
Mouvements d'imitation.
Petits jeux collectifs.
Applications élémentaires et leurs études.

39. Régime de la leçon. — En principe, un mouvement éducatif ou d'imitation ou une application par famille d'exercices, dans la proportion de quatre mouvements et de trois applications pour la leçon complète et deux jeux collectifs.

40. Nota. — Même nota qu'au chapitre IV (Éducation sportive, leçons spéciales).

41. TABLEAU DES ÉLÉMENTS POUR COMPOSER LES LEÇONS.

1° **Mise en train.** — Evolutions et formations nécessaires à la bonne exécution des leçons. — Comme de 9 à 11 ans — ajouter les demi-tours sur place et en marchant.

Mouvements éducatifs. — *Bras.* — Mouvements complets n⁰ˢ 1, 2, 3, 4, 5, 6, 7, 11, 12, 13 (voir Annexe n° 1).

Jambes. — Comme de 9 à 11 ans plus les lancers de jambes en avant, obliquement, sur le côté et en arrière.

Tronc. — Ajouter aux mouvements prévus de 9 à 11 ans es n⁰ˢ 18, 19, 20 et 21 de l'Annexe n° 1.

Mouvements combinés. — Comme de 9 à 11 ans plus les fentes en avant, en arrière, latérales avec différents mouvements des bras.

Mouvements dyssymétriques. — Ceux de 9 à 11 ans et ajouter circumduction des bras tendus en sens opposé.

Mouvements des bras fléchis et étendus avec un temps de retard.

2° Leçon proprement dite. — (Le numérotage des mouvements et jeux continue celui du groupe de 9 à 11 ans.)

1° Marcher. — *a) Mouvements éducatifs.* — Comme de 9 à 11 ans et ajouter : 7. Marcher sur les talons.
Pour les filles études de danses lentes.

b) Mouvements d'imitation. — Comme de 9 à 11 ans à partir du n° 6, ajouter :

12. L'Ogre et le petit Poucet.
13. Le phoque (avant et arrière).

c) Applications. — Si possible, promenade assez longue, une demi-journée par semaine, avec éducation sensorielle et débrouillage dans la campagne.

2° Grimper, Escalader, Équilibre. — *a) Mouvements éducatifs.* — Les mêmes que de 9 à 11 ans et ajouter :

Suspension.

9. Suspension inclinée, traction des bras.
10. Suspension inclinée, écarter et rapprocher les mains.
11. Suspension fléchie, progression en avant, en arrière aux deux barres et latéralement à une seule barre.
12. Mêmes progressions avec balancement du corps.
13. Suspension allongée. Élévation alternative des genoux, puis élévation simultanée.
14. Suspension allongée, traction des bras.

Appui.

7. Appui sur une barre à différentes hauteurs.
8. Même appui sur deux barres.
9. Appui avant (à terre).
10. Franchir une barre avec appui d'un pied (gauche et droit).

b) Mouvements d'imitation. — Comme de 9 à 11 ans, plus :

11. La brouette.
12. La quille humaine.

c) Applications.

1. Grimper à l'échelle oblique (devant, derrière) et descendre, avec les pieds et les mains.
2. Grimper à la corde inclinée, bras et jambes.
3. Progresser à la poutre par-dessous (bras et jambes).
4. Grimper à la planche inclinée à 45° (bras et jambes par-dessus.)

5. Grimper aux cordes jumelles (bras et jambes) et arriver à descendre progressivement avec les bras seuls.
6. Même exercice aux perches jumelles.
7. Passer 4 mètres de poutre plane de 20 à 25 cent. de largeur à 2 mètres de hauteur.
8. Escalader un mur un peu élevé et le franchir.

3° Sauter. — *a) Mouvements éducatifs.* — Les mêmes que de 9 à 11 ans et ajouter :

13. Sauts sur place avec élévation rapide et alternative des jambes tendues (mouvements libres des bras).
14. Même saut précédé d'une petite course demi-circulaire (préparation au saut de côté).

b) Jeux. — Mêmes jeux que de 9 à 11 ans et ajouter :

8. Les pieds liés.
9. Le coupe-jarret (en cercle).
10. Le coupe-jarret (en colonne).
11. *Saute-mouton sur place.*
12. *Le saute-borne.*
13. *Le combat de coqs.*
14. Le kangourou.

c) Applications.

1. Saut en longueur avec élan.
2. Saut en longueur sans élan.
3. Saut en hauteur sans élan (de côté, de face, etc.).
4. Saut en hauteur avec élan (d°).
5. Saut en profondeur.
6. Saut avec appui des mains (gauche et droite).
7. Sauts combinés, hauteur et longueur.

4° Lever et porter. — *a) Mouvements éducatifs.* — Les mêmes que de 9 à 11 ans, et ajouter :

8. Flexion complète du tronc et extension du tronc avec circumduction des bras.
9. Fente avant, arrière, oblique, latérale, avec mouvements complets des bras.
10. Assis, pieds fixés au sol, extension et flexion du tronc.
11. Le même avec bras latéraux, puis verticaux.
12. A cheval sur un banc, rotation du tronc avec ou sans mouvements de bras.
13. Le même, bras verticaux, rotation du tronc, avec abaissement latéral des bras.
14. Porter un camarade sur les avant-bras placés horizontalement.

b) Mouvements d'imitation. — Les mêmes que de 9 à 11 ans et ajouter :

14. La chaîne debout par extension du tronc.
(Objets de 3 à 5 kgr.)

15. La même en flexion du tronc.
16. La même en alternant la flexion et l'extension.
17. La chaîne latérale.
18. La chaîne en cercle.
19. La chèvre.
20. La chaîne face à face.

c) Applications.

1. Lever de pierres, poids ou haltères à deux mains (12 kgr. au maximum), d'une main (gauche et droite) 6 à 8 kgr. au maximum.
2. Soulever un camarade couché à terre en le prenant à deux mains par le cou.
3. Même exercice : placer le corps debout, raidi.
4. Descendre doucement à deux, un camarade debout et raidi en le soutenant sous les bras.
5. Transport d'un camarade sur le dos (en travers).
6. Sur le cou et les épaules.
7. A cheval sur le dos.

Nota. — Ne pas dépasser 10 à 15 mètres pour ces différents transports, allure lente, non cadencée.

5° Courir. — *a) Mouvements éducatifs.* — Les mêmes que de 9 à 11 ans et ajouter :

7. Etude de la foulée sur place.
8. Etude de la foulée en marchant.
9. Etude de la foulée en courant.
10. Etude du départ de course de vitesse.
11. Etude de l'arrêt de course.
(Ne pas cadencer — ne pas chercher l'ensemble.)

b) Jeux. — Les mêmes que de 9 à 11 ans et ajouter pour les *jeunes filles* danses lentes rythmées.

15. *La tortue.*
16. *La prière des Indous.*
17. Frapper Guillaume.

c) Applications.

1. Petites courses de vitesse (40 m. au maximum).
2. Parcours en foulée (Durée progressive de 1 à 3 minutes).

6° Lancer. — *a) Mouvements éducatifs.* — Les mêmes que de 9 à 11 ans.

b) Jeux. — Les mêmes que de 9 à 11 ans et ajouter :

13. La balle au mur.
14. La balle au chasseur.
15. La balle cavalière.
16. La paume à mains nues.
17. Le spiroball.
18. Le ballon libre.

19. Etude du tennis.
20. L'arc.
21. Etude du football.

c) Applications (exercer les deux bras).

1. Lancer de balles (hauteur et longueur).
2. Lancer de balles sur but fixe.
3. Lancer de balles sur but mobile.
4. Lancer du ballon (poing, main, pieds, tête) en hauteur, en longueur, sur but fixe.
5. Lancer de pierres légères en hauteur, en longueur, sur but fixe, sur but mobile.

7° **Attaque et défense.** — *a) Mouvements éducatifs.* — Comme de 9 à 11 ans et ajouter :

11. En se tenant par la main chercher à se déplacer.
12. Lutte d'opposition deux à deux par les bras (divers modes).
13. L'un assis, l'autre couché, opposition à l'écartement des jambes et à leur rapprochement.
14. Assis face à face, résistance à l'écartement et au rapprochement des bras tendus.
15. Etude plus précise des éléments de boxe française et de boxe anglaise.

c) Applications. — Pas d'applications en dehors des mouvements ci-dessus qui suffisent à cet âge.

8° **Exercices d'ordre et de retour au calme.** — Toutes les leçons se terminent par des marches lentes en respirant profondément, par un peu de marche avec chant (contrôle) et si possible par une douche courte, avant la reprise des vêtements ordinaires. La leçon doit se terminer sans essoufflement, sans sueur, dans le calme complet de l'organisme. S'il y a douche, la leçon n'est terminée qu'après la douche et sa réaction. L'instructeur s'y intéressera donc comme aux autres parties de la leçon.

42. Nota. — 1. Si des enfants de cette catégorie (11 à 13 ans) semblent *assez peu développés* pour aborder les applications et les exercices de leur âge, ils suivront le programme et les leçons de la catégorie inférieure (9 à 11 ans) ou bien on les laissera dans le groupe de 11 à 13 ans en les dispensant des exercices trop violents.

2. **Pour la natation,** *les exercices et les jeux concernant l'ouïe, la vue et le toucher,* se reporter à ce qui a été dit pour la catégorie de 9 à 11 ans.

43. EXEMPLE DE LEÇON POUR ENFANTS DE 11 A 13 ANS.

(Garçons et filles)
Durée de 30 à 45 minutes.

1° Mise en train. — Rassemblement.

Former la colonne par quatre.
Marche avec chant.
Se former par deux.
Prendre ses distances.
En marchant, circumduction des bras (4 temps).
Mouvement n° 22 (Annexe n° 1).
Fente avec mouvement n° 3.

En marchant, porter les épaules en avant et en arrière avec légère flexion du tronc et en respirant fortement.

Exercices dyssymétriques. — Cercle des mains en sens opposé.

2° Leçon proprement dite.

1° *Marcher* ..	M. E.	Marche sur les talons.
2° *Grimper.* *Escalader.*	Appl.	Escalader un mur peu élevé.
3° *Courir*	M. E.	Etude de la foulée sur place. Jeu : Frapper Guillaume.
4° *Lever* et *porter.*	M. E.	A cheval sur un banc, rotation du tronc avec mouvements de bras.
5° *Sauter*	Appl.	Sauts en hauteur avec élan (à la poursuite).
6° *Lancer*	Appl.	Lancer de pierres. Jeu : ballon libre.
7° *Attaque* et *défense.*	M. E.	Dos à dos. Se pousser.

3° Exercices d'ordre et de retour au calme.

Marche lente en respirant.
Marche avec chants.
Douches et friction du corps.
Se rhabiller, — marcher, — rompre.

ÉDUCATION PHYSIQUE ÉLÉMENTAIRE.

TABLEAU COMPARATIF.

AGE : 4 A 6 ANS ET 6 A 9 ANS.	AGE : 9 A 11 ANS.	AGE : 11 A 13 ANS.
DURÉE : 15 A 25 MINUTES.	DURÉE : 25 A 30 MINUTES.	DURÉE : 30 A 45 MINUTES.
PROGRAMME. Jeux et mouvements d'imitation. Petits jeux collectifs. *Jeux respiratoires.*	**PROGRAMME.** *Mouvements éducatifs simples.* Mouvements d'imitation. *Mouvements dyssymétriques.* Petits jeux collectifs. *Exercices respiratoires.*	**PROGRAMME.** *Mouvements éducatifs combinés.* Mouvements d'imitation. *Mouvements dyssymétriques.* *Applications élémentaires.* Petits jeux collectifs. *Exercices respiratoires.*
RÉGIME. 1. Mise en train. 2. Leçon proprement dite (3 ou 4 exercices et 1 ou 2 jeux collectifs). 3. Retour au calme.	**RÉGIME.** 1. Mise en train. 2. Leçon proprement dite *complète* (1 mouvement éducatif ou d'imitation par famille et 2 jeux collectifs). 3. Retour au calme.	**RÉGIME.** 1. Mise en train. 2. Leçon proprement dite *complète* (1 mouvement éducatif ou d'imitation, ou une application par famille : 4 mouvements, 3 applications et 2 jeux collectifs). 3. Retour au calme.
LEÇON. I. **Mise en train.** — Donnez-vous la main et formez un rond. Ronde avec chants. Le chemin de fer. Exercices respiratoires.	**LEÇON.** I. **Mise en train.** — Rassemblement sur deux rangs. Se former par quatre, marche avec chant. Marche des gymnastes. *Bras et jambes.* — En marchant, élever les bras verticalement. En marchant, élever les bras latéralement, poignets en souplesse.	**LEÇON.** I. **Mise en train.** — Rassemblement. Former la colonne par quatre. Marche avec chant. Se former par deux. Prendre ses distances. En marchant, circamduction des bras.

II. Leçon proprement dite :

a) Les pompiers.
   Le sonneur de cloche.
b) *Exercices mimés.*
   Elévation des bras tendus en avant, sur le côté, verticalement.
   Elévation de la jambe fléchie en avant.
   Elévation de la jambe fléchie sur le côté.
c) *Petits jeux collectifs.*
   Les prisonniers.
   L'Ogre et le Petit Poucet.

III. Exercices respiratoires d'ordre et de retour au calme :

La soupe trop chaude.
Exercices respiratoires en portant les épaules en arrière.
Rondes marchées avec chants.

Tronc. — Sur place, flexion et extension du tronc (en souplesse). En marchant, mouvements d'épaules en avant et en arrière avec exercices respiratoires.
Exercices dyssymétriques. — Le charcutier.

II. Leçon proprement dite :

1° *Marcher.* — Marcher sur la pointe des pieds.
2° *Grimper-équilibre.* — Elévation du genou; le maintenir dans les deux mains, doigts croisés.
3° *Sauter.* — Sautillements sur place avec écartement latéral des bras et des jambes.
Jeu. — Pigeon vole avec sauts.
4° *Lever-porter.* — Flexion latérale du tronc (en portant un bras au-dessus de la tête et en partant de la station écartée).
5° *Courir.* — Sautillements d'une jambe sur l'autre avec élévation du genou.
6° *Lancer.* — Station demi-écartée. Les ailes du moulin.
Jeu. — Balle au terrain acquis.
7° *Attaque et défense.* — Lutte de côté (se tirer).

III. Exercices d'ordre et de retour au calme :

Marche lente en respirant.
Marche avec chant. S'arrêter et rompre les rangs.

Mouvement n° 22 (Annexe n° 1).
Fente avec mouvement n° 3 (Annexe n° 1).
En marchant, porter les épaules en avant et en arrière avec légère flexion du tronc et en respirant fortement.
Exercices dyssymétriques. — Cercles des mains en sens opposé.

II. Leçon proprement dite :

1° *Marcher.* M. E. Marche sur les talons.
2° *Grimper escalader.* Appl. Escalader un mur peu élevé.
3° *Courir.* M. E. Etude de la foulée sur place.
Jeu. Frapper Guillaume.
4° *Lever-porter.* M. E. A cheval sur un banc. Rotation du tronc avec mouvements de bras.
5° *Sauter.* Appl. Sauts en hauteur avec élan (à la poursuite).
6° *Lancer.* Appl. Lancer de pierre.
Jeu. Ballon libre.
7° *Attaque et défense.* M. E. Dos à dos (se pousser).

III. Exercices respiratoires d'ordre et de retour au calme :

Marche lente en respirant.
Marche avec chant.
Douche et friction du corps.
Se rhabiller. — Marcher. — Rompre.

OBSERVATION IMPORTANTE. — Dans le courant de la leçon, exercices respiratoires chaque fois que le besoin s'en fait sentir.

NATATION. ÉDUCATION SENSORIELLE.	NATATION. ÉDUCATION SENSORIELLE.
Une séance de jeux par semaine.	Une séance de jeux par semaine.

ÉDUCATION PHYSIQUE ÉLÉMENTAIRE

de 6 à 13-14 ans.

GARÇONS ET FILLES.

ANNEXE N° 1.

EXEMPLES DE MOUVEMENTS COMPLETS ET CONTINUS.

Bien rythmer les mouvements. Assurer leur bonne exécution dans les différents plans avec le maximum d'amplitude. Conserver au corps sa souplesse, la raideur se manifeste par des mouvements secs et anguleux, la souplesse par des mouvements arrondis, sans énergie perdue et mal utilisée.

Exercice n° 1. — *Elever les bras tendus horizontalement dans les différents plans verticaux.* — Elever les bras en avant, les abaisser. Elever les bras dans une position oblique (30°), les abaisser. Elever les bras dans une position oblique accentuée (60°), les abaisser. Elever les bras de côté. En abaissant les bras, les porter en adduction en arrière.

Exercice n° 2. — *Elever verticalement les bras étendus dans les différents plans verticaux.* — Exécuter les mouvements (comme n° 1) en portant les bras à la position verticale dans les différents plans.

Exercice n° 3. — *Elévation des bras étendus latéralement avec flexion et extension de la main, en souplesse.* — Position de départ : Station droite, bras tendus le long du corps. Elever les bras tendus latéralement jusqu'à la position horizontale, les poignets souples et arrondis, les doigts allongés en souplesse, paumes des mains en dedans, face au corps. Etendre progressivement la main pour amener la paume en dehors et revenir à la position de départ en abaissant les bras, les mains reprenant progressivement leur position primitive à la fin du mouvement.
— Même exercice avec bras fléchis.

Exercice n° 4. — Exécuter les exercices 1, 2 et 3 en décrivant une suite de petits cercles (0°,50 de diamètre).

Exercice n° 5. — *Elever les bras latéralement, obliquement en haut avec flexion et extension de la main.* — Exécuter l'exercice comme n° 3, en élevant les bras d'un angle de 120°.

Exercice n° 6. — *Elever les bras latéralement et en haut, avec flexion et extension de la main.* — Elever les bras par le côté comme n° 3 jusqu'à la position verticale, paumes des mains en dessous, les poignets très rapprochés, tourner la paume des mains en dessus et abaisser les bras latéralement pour revenir à la position de départ.

Exercice n° 7. — Exécuter les exercices 3, 5 et 6 combinés avec des circumductions des poignets et des bras.

Exercice n° 8. — Elever la jambe étendue en avant, obliquement, latéralement, en arrière.

Exercice n° 9. — Elever le genou, mouvements circulaires du pied.

Exercice n° 10. — Elever le genou en fléchissant le pied. Etendre la jambe et le pied en décrivant un cercle avec le pied. Exécuter le mouvement avec grande amplitude dans le plan antérieur, oblique et latéral.

Exercice n° 11. — Fléchir les avant-bras. Elever les mains fermées à hauteur et en dehors des épaules.
Abaisser les avant-bras dans le rang en les portant obliquement en arrière, mains ouvertes, épaules effacées.

Exercice n° 12. — Fléchir les avant-bras. Elever les mains fermées à hauteur et en dehors des épaules.
Etendre les bras à la position verticale, mains ouvertes.
Revenir à la première position et abaisser les bras dans le rang.

Exercice n° 13. — Exécuter l'exercice comme n° 12 en étendant les bras horizontalement et en avant.

Exercice n° 14. — *Position de départ. Bras latéraux, paumes des mains en extension.*
Lancer les bras horizontalement en avant, les doigts se touchant et les épaules complètement relâchées.
Fixer les omoplates en tirant les coudes horizontalement en arrière — les bras, les avant-bras et les mains à hauteur des épaules, et, sans arrêt, ramener les bras à leur position initiale.

Exercice n° 15. — *Flexion et extension du tronc en souplesse.* — Fléchir lentement le tronc, jambes tendues, bras tendus le long du corps, les mains touchant le sol. Extension complète du tronc en portant les épaules en arrière, et abaisser les bras dans le rang, en les portant obliquement en arrière et en bas.

Exercice n° 16. — Couché horizontalement sur le dos, flexion et extension de la cuisse (des cuisses).

Elever les cuisses fléchies dans une position oblique, étendre les jambes et les abaisser lentement.

Exercice n° 17. — Même exercice que n° 16, dans une position plus oblique.

Exercice n° 18. — Sur le dos : Elever les jambes croisées et les abaisser (placer alternativement la jambe gauche et la jambe droite en dessus).

Exercice n° 19. — Sur le dos : Elever les jambes étendues, les abaisser en faisant décrire à chaque pied un cercle, les jambes restant étendues (décrire le cercle de gauche à droite et de droite à gauche).

Exercice n° 20. — Sur le dos : Soulever les jambes réunies en avant, les écarter latéralement, les réunir et les poser à terre (plusieurs fois).

Exercice n° 21. — Sur le dos : Soulever les jambes étendues en avant, les porter réunies à droite, à gauche. les ramener en avant et les poser à terre (plusieurs fois).

Exercice n° 22. — *Mouvement continu et arrondi, bras fléchis, mains fermées à hauteur des épaules, coudes en bas.*

1° Avancer les épaules, tourner les mains, paumes en dehors, les joindre dos à dos, puis élever les coudes le plus haut possible, l'avant-bras et la main pendant naturellement et en souplesse. Basculer les bras en abaissant les coudes serrés contre le corps, les avant-bras verticaux et le plus en arrière possible, les omoplates fortement fixées en arrière, les mains fermées énergiquement à hauteur des épaules, les doigts tournés vers le corps.

2° Ecarter les avant bras en les abaissant latéralement par un mouvement arrondi en ouvrant progressivement les doigts, paumes en dessus et en maintenant les épaules fixées en arrière.

3° Etendre complètement les bras obliquement en arrière et en bas, mains ouvertes en extension. Ramener les mains en avant, les poignets souples et continuer 'exercice sans arrêt, sous forme de mouvement continu.

Exercice n° 23. — *Même exercice, mains fermées à hauteur des oreilles, coudes en arrière.*

1° Comme pour exercice n° 22.

2° Basculer les bras en portant les coudes en arrière dans le plan des épaules, mains fermées énergiquement à hauteur des oreilles au-dessus des épaules, ongles en avant.

3° et 4° Comme pour exercice n° 22.

Exercice n° 24. — *Même exercice, mains fermées au dessus de la tête, coudes en arrière.*

1° Comme pour exercice n° 22.

2° Continuer sans arrêt l'élévation des avant-bras en tournant progressivement la paume des mains en dehors. Fermer énergiquement les mains au-dessus de la tête, les mains se touchant et les ongles tournés en dehors (bras arrondis), coudes dans le plan des épaules. 3° et 4° comme pour exercice n° 22.

Nota. — Les exercices n°ˢ 16, 17, 18, 19, 20 et 21 ne seront exécutés que par les filles ayant la tenue prescrite au paragraphe 13 de la page 21.

ANNEXE Nº 2.

CONTROLE DE L'ÉDUCATION PHYSIQUE.
RENSEIGNEMENTS GÉNÉRAUX SUR LA CROISSANCE.

Il ne s'agit pas de donner ici aux médecins des moyens pour reconnaître si un enfant est ou n'est pas bien portant.

Cette conclusion de son examen est le fruit de son sens clinique.

Le praticien, habitué à juste titre à ne pas considérer sa profession comme une science mathématique, ne se fixera pas sur les chiffres donnés par les tableaux suivants pour baser son appréciation ; mais néanmoins il peut lui être utile d'avoir à sa disposition des moyennes prises sur un grand nombre d'enfants. Ce sera pour lui un moyen d'investigation de plus qui pourra, en certains cas difficiles, l'aider à conclure et à guider l'éducateur.

Taille et poids suivant l'âge et le sexe.

AGE.	HOMMES.		FEMMES.	
	HAUTEUR.	POIDS.	HAUTEUR.	POIDS.
	mètres.	kilogr.	mètres.	kilogr.
Naissance.	0.500	3,20	0,490	2,91
1 an	0,698	9,45	0,690	8,99
2 ans	0,771	11,34	0,780	10,67
3 —	0,864	12,47	0,852	11,79
4 —	0,928	14,23	0,913	13
5 —	0,988	15,77	0,974	14,36
6 —	1,047	17,24	1,103	16,01
7 —	1,105	19,10	1,146	17,54
8 —	1,162	20,76	1,181	19,08
9 —	1,219	22,65	1,195	21,36
10 —	1,275	24,52	1,248	23,52
11 —	1,330	27,10	1,299	25,65
12 —	1,385	29,82	1,353	29,82
13 —	1,439	34,38	1,403	32,94
14 —	1,493	38,76	1,453	36,70
15 —	1,546	43,62	1,499	40,39
16 —	1,594	49,67	1,535	43,57
17 —	1,634	52,85	1,555	47,31
18 —	1,658	57,85	1,564	51,83
20 —	1,674	60,06	1,572	52,28

Périmètre thoracique.

La Commission internationale réunie en septembre 1915 pour le XIV' Congrès international d'anthropologie a décidé que le périmètre thoracique serait désormais mesuré dans un plan horizontal passant par la base de l'appendice xyphoïde et que l'on prendrait la moyenne des mesures notées à l'inspiration et à l'expiration.

Voici, d'après le docteur Lucien Mayet, la valeur moyenne du périmètre thoracique de 0 à 13 ans :

Naissance..............	0^m30	7 ans	0^m55
1 an	0^m47	8 —	0^m56
2 ans..............	0^m485	9 —	0^m57
3 —	0^m50	10 —	0^m58
4 —	0^m51	11 —	0^m605
5 —	0^m525	12 —	0^m635
6 —	0^m535	13 —	0^m66

L'élasticité thoracique est exprimée en centimètres par la différence qui existe entre le périmètre maximum mesuré à la fin d'une inspiration profonde et le périmètre minimum mesuré à la fin d'une expiration forcée. L'élasticité thoracique est fonction de la mobilité des articulations des côtes et de la puissance des muscles de la respiration. Voici la valeur moyenne de l'élasticité thoracique :

A 6 ans............	1 cm. 20 à 2 centimètres.	
A 10 —	2 cm. 5 à 4	—
A 15 —	4 à 6 centimètres.	
A 18 —	4 à 7	—
A 20 —	6 à 10	—
A 25 —	6 à 15	—

La puissance de ventilation pulmonaire d'un sujet est donnée par le *spiromètre*. Cet appareil nous renseigne sur la *capacité vitale* (air courant + air de réserve + air complémentaire).

L'exercice accroît beaucoup la puissance de ventilation. A l'âge de 3 ans, la capacité vitale moyenne est seulement de 0 lit. 400. Elle subit un accroissement annuel de 0 lit. 120 à 0 lit. 150. On admet que la capacité vitale suit le développement de la taille à raison de 0 lit. 05 ou de 0 lit. 04 par centimètre suivant qu'il s'agit de l'homme ou de la femme, et, à partir de la quatrième année.

Pour un homme adulte bien portant la capacité vitale est de 3 lit. 75; 2 lit. 75 pour la femme.

Circonférence des membres.

Jusqu'à 13 ans, les muscles restent grêles et les mensurations portant sur les membres avant cet âge ne donnent aucune indication importante.

Chez un enfant de 12 ans, normalement développé, la circonférence du mollet égale celle du cou.

Vers le même âge, le périmètre thoracique xypho-sternal égale deux fois et demie, au moment de l'inspiration, la circonférence du cou. Mais ces données sont sujettes à des variations individuelles très grandes qui diminuent beaucoup leur valeur.

Il n'en est pas de même chez l'adulte. Après six mois d'exercice la circonférence des bras augmente 89 fois sur 100, la circonférence de la cuisse 77 fois. Le périmètre soléaire (mollet) s'accroît chez presque tous les sujets.

Force musculaire.

On mesure constamment la force des sujets à l'aide des dynamomètres. Ce sont pour la plupart, des ressorts dont les déformations sont proportionnelles aux forces qui les produisent. Le sténomètre de Bloch est le plus usité. Dans cet appareil, les déformations d'un ressort elliptique sont transmises par un pignon aux aiguilles ; la graduation est double ; l'une mesure la traction et l'autre la pression.

Les mesures de la force musculaire manquent généralement de rigueur et d'homogénéité. Tantôt il s'agit de pressions et tantôt de tractions. D'autre part, les dynamomètres sont de constructions différentes, de sorte que la prise des mains n'est pas identique pour tous les autres modèles.

La force moyenne de traction des deux mains, évaluée par Grehant, est aux environs de 45 kilogrammes.

Les muscles du cou ne fléchissent que sous un poids moyen de 100 à 118 kilogrammes.

La force rénale ou lombaire qui exprime celle des muscles extenseurs du tronc (masses des muscles sacro-lombaires et dorsaux) mesurée au moyen du dynamomètre de Regnier fixé au sol à l'une de ses extrémités, tandis qu'on tire sur l'autre en se penchant d'abord, puis se redressant, a été examinée par Quetelet suivant l'âge et le sexe. Voici les résultats rapportés par cet auteur :

AGE.	HOMMES.	FEMMES.
6 ans	20 kilogr.	»
10 —	46 —	31 kilogr.
15 —	88 —	53 —
16 —	102 —	59 —
18 —	136 —	67 —
20 —	138 —	68 —
25 —	155 —	77 —
30 —	154 —	77 —
40 —	122 —	62 —
50 —	101 —	50 —
60 —	93 —	54 —

L'écart relatif au sexe est presque du simple au double. On constate un rapport du même ordre (57 p. 100 d'après Manouvrier) dans *l'effort de serrement de la main* enregistré par les dynamomètres de pression. La masse des muscles est plus grande dans le corps de l'homme que dans celui de la femme, mais surtout l'adaptation fonctionnelle est meilleure chez le premier.

L'exercice physique augmente considérablement la force musculaire. Après six mois d'exercices suivis, la force de traction des deux mains s'accroît du tiers de la force rénale, des 3/8e chez 72 p. 100 des sujets observés.

Indice de robusticité de Pignet.

La taille, le poids et le périmètre thoracique considérés isolément ne peuvent fournir que des éléments. Pignet a tenté de faire entrer leur valeur respective dans une formule unique qui deviendrait ainsi l'expression de la valeur physiologique de l'individu. Il a primitivement dénommé cette formule : « *valeur numérique de l'homme* ». Aujourd'hui on la désigne plus communément sous le nom *d'indice* ou de « *coefficient de robusticité* ».

Le calcul de l'indice se fait de la manière suivante : la taille, le poids et le périmètre thoracique sont mesurés séparément. On additionne ensuite le poids et le périmètre et on soustrait ce total de la taille exprimée en centimètres :

Exemple.....
- Taille............... 1 m. 70.
- Poids .... 60 kilogr.
- Périmètre............ 0 m. 90.

Indice $= 170 - (60 + 90) = 20$.

Il se produit des cas (rares) dans lesquels l'addition du poids et du périmètre donne un total supérieur au chiffre de la taille.

Exemple.....
- Taille............... 1 m. 73.
- Poids .... 78 kilogr.
- Périmètre............ 0 m. 98.

Dans ce cas, la somme du poids et du périmètre $= 176$. Elle est supérieure de trois unités au chiffre de la taille, l'indice est alors précédé du signe —.

L'indice de Pignet n'est malgré son utilité qu'un aide et un contrôle. Il ne saurait servir de base unique pour déterminer l'aptitude physique. De plus, il n'a de valeur qu'entre la 18e et la 28e année. Après trente ans, la taille étant désormais fixée, l'augmentation fréquente du poids fausse notablement la signification de l'indice. Celui-ci ne saurait se substituer à l'examen médical. Le sens clinique et la science du médecin expert appliqués à l'examen des grands viscères (cœur, poumons, foie, reins) demeurent les éléments fondamentaux de l'appréciation de la valeur physiologique d'un sujet.

Le chiffre du coefficient de robusticité est d'autant plus élevé que la constitution du sujet apparaît plus faible. Un sujet mesurant 1 m. 70, pesant 65 kilogrammes, ayant un périmètre de 0 m. 90 a un indice de + 15 qui laisse supposer une robuste constitution. Au contraire, tel sujet mesurant 1 m. 70, pesant 50 kilogrammes ayant un périmètre de 0 m. 80 a un indice de + 40 et doit être classé parmi les sujets très faibles.

Lorsque les sujets sont particulièrement robustes, on trouve des indices négatifs, la somme du poids et du périmètre dépassant la taille. Ces indices se rencontrent aussi chez les obèses qui sont d'une valeur physiologique très médiocre.

Voici une échelle de valeur numérique de l'aptitude physique normale par Besson et qui peut être utilement consultée. On suppose que les sujets examinés ne sont atteints d'aucune affection organique et qu'ils ne sont pas âgés de plus de 30 ans.

Au-dessous de — 10		= surcharge graisseuse.
—	de — 10 à + 10	= constitution très vigoureuse.
—	de + 11 à + 20	= constitution forte.
—	de + 21 à + 25	= constitution moyenne.
—	de + 26 à + 30	= zone limite (discutable).
—	de + 31 à + 35	= médiocre.
Au delà de 35		= nettement mauvais.

Dans tous les cas où il n'y a pas de lésion organique latente (bronchite et pleurésie chroniques, affection du cœur, du foie, des reins, etc.), l'indice est abaissé par les exercices physiques, ce qui indique comme nous l'avons vu, une évolution favorable dans le sens de l'accroissement de la robusticité.

MODÈLE DE CARNET PHYSIOLOGIQUE POUR ENFANTS
DE 4 A 13-14 ANS.

(COUVERTURE DU CARNET.)

Nom de l'école ou de l'établissement.

CARNET PHYSIOLOGIQUE DE 4 A 13-14 ANS DE :

Nom de l'élève : ....

Prénoms : ....

Adresse et profession des parents : ....

Nota. — Ce carnet doit rester entre les mains du maître. Il en est fourni un extrait aux parents avec les notes périodiques. Cet extrait fait ressortir, par rapport aux moyennes normales de l'annexe n° 2, la situation physique de l'enfant.

1. Périmètre xyphoïdien. { Inspiration. / Expiration.

5. Elasticité thoracique.. { Différence entre le périmètre inspiratoire et le périmètre expiratoire.

6. Spiromètre. — Avoir soin d'aseptiser ou de changer chaque fois l'embouchure du spiromètre.

7. Colonne vertébrale. — Indiquer normale ou préciser les déviations.

13. Constitution. — Comparer les mensurations avec les moyennes de l'annexe n° 2.

14. Si l'enfant doit suivre un groupe médical ou a besoin d'exercices spéciaux, le médecin indiquera les exercices à faire sous la surveillance du maître en genre et quantité.

Observations. — Le carnet se compose de fiches identiques par année scolaire, soit dix fiches de 4 à 13-14 ans. L'examen du carnet indique instantanément les progrès obtenus et les variations de croissance par rapport aux moyennes normales.

(Le carnet physiologique de 4 à 13-14 ans devra suivre l'enfant toute sa vie. Après l'école il sera remis au groupe d'éducation physique dont l'enfant fera partie. La fiche est un peu différente au-dessus de 13-14 ans. *Voir :* 2e partie, Éducation physique secondaire).

ANNÉE SCOLAIRE (........................).

Fiche physiologique d'enfants de 4 à 13-14 ans.

Nom ....

Prénoms ....

Etablissement ....

Classe ....

	Octobre.	Mars.	Juillet.
1. Age..............................			
2. Poids nu........................			
3. Taille (pieds nus)..............			
4. Périmètre thoraci-{ Inspiration...			
que xyphoïdien. { Expiration...			
5. Elasticité thoracique : différence en centimètres entre inspiration et expiration....................			
6. Capacité vitale (spiromètre)......			
7. Colonne vertébrale...............			
8. Perméabilité { Narine droite......			
nasale..... { Narine gauche.....			
9. Dentition........................			
10. Vue.............................			
11. Ouïe............................			
12. Particularités et } observations.. }			
13. Constitution (normale ou faible)..			
14. Groupe d'éducation physique (normal ou médical)...............			

Le Médecin,

Le Maître,

B. — EXERCICES ÉDUCATIFS ET PETITS JEUX

1re Série : Marcher.

1. — Marche corrective (difficile).

La marche corrective est précédée et suivie d'une marche au pas cadencé; elle est lente, mesurée, méthodique à l'extrême.

L'attitude est fière, la tête haute, le buste en avant, la poitrine saillante, les épaules rejetées en arrière, les bras balancent le long du corps d'avant en arrière, la main est ouverte naturellement; la jambe est projetée en avant sans raideur du genou, la pointe du pied en extension rasant le sol; le corps se grandit quand la foulée s'achève sur le pied qui pose à plat.

La marche continue ainsi précise, bien rythmée, souple.

2. — Marche avec chant.

C'est une marche au pas cadencé, effectuée en chantant. La simultanéité de la marche et du chant fortifie la poitrine, agrandit les poumons, les rend plus perméables à l'air et moins exposés aux inflammations chroniques. Le chant permet, en outre, d'agir puissamment sur le moral de l'individu, s'il est empreint de sentiments élevés en rapport avec l'éducation civique et militaire.

L'instructeur devra donc veiller à ce que les chants soient choisis avec soin, gais, entraînants, mais d'une saine gaîté bien française. Enfin il obligera les élèves à bien rythmer leurs chants, de façon à ce que la cadence de la marche en soit facilitée. Le chant devra être court. Il est un moyen de mise en train des organes respiratoires et non un but.

3. — Marche allongée et marche à cadence vive.

L'allure trop précipitée provoquant l'essoufflement, la vitesse dans la marche, qu'il est nécessaire d'acquérir, doit être uniquement obtenue par l'allongement du pas.

Les jeux préparant à la marche feront acquérir déjà l'assouplissement nécessaire à cette marche allongée; les

exercices respiratoires et la marche avec chant prépare-
ront l'organe respiratoire aux inspirations et expirations
amples et profondes.

La marche allongée et la marche à cadence vive coor-
donnent ces divers exercices et préparent à la course.

4. — Marche sur la pointe des pieds.

Avancer en ligne ou en colonne par petits pas, les
jambes tendues, la pointe des pieds reposant seule sur le
sol, le corps redressé, la poitrine bombée, les épaules
rejetées en arrière, la tête haute, les bras tendus se balan-
çant le long du corps, les paumes des mains en dedans,
les doigts allongés et joints.

Le même mouvement se fait en marchant latéralement.

5. — De plus en plus grand.

C'est l'exercice précédent, exécuté sous forme de jeu.

L'instructeur excite l'émulation des joueurs en signa-
lant ceux qui se grandissent le plus à chaque pas.

6. — Les canards (marche accroupie).

Les joueurs sont placés sur un ou plusieurs rangs ou
en colonne, à un pas de distance, dans une position
accroupie.

Au signal donné, les joueurs se portent en avant dans
cette position en déplaçant alternativement l'un et l'autre
pied et en évitant de se redresser; ils cherchent à se
dépasser. (Ne pas exagérer les cris.)

7. — Le quadrupède (marche à quatre pattes).

Les joueurs sont placés en ligne sur un ou plusieurs
rangs ou en colonne. Au commandement de « en position », les élèves se mettent en appui avant sur les
mains et sur les jambes demi-fléchies, de façon à être à
quatre pattes, le tronc presque horizontal.

Au signal donné par l'instructeur, les élèves partent
en avant pour atteindre un but plus ou moins éloigné.

Pour stimuler les joueurs, on pratiquera également ce
jeu sous forme de course.

8. — L'homme-serpent.

Les joueurs sont placés en ligne sur un rang à des
tervalles variables. Au commandement de « en posi-
on », les élèves se couchent à plat ventre et au signal
onné par l'instructeur, s'aidant librement de tous leurs
oyens, ils progressent dans cette position et cherchent
atteindre un but préalablement fixé.

9. — La boule humaine
(variante de marche rampante).

Choisir un terrain en pente et recouvert de gazon, sur-
ut à la base. Au signal donné, les joueurs se couchent
1 ligne et à plusieurs pas d'intervalle. Au deuxième
gnal, ils se laissent rouler en supprimant toute contrac-
on de muscles et en se faisant le plus élastiques pos-
ble.

10. — Le crabe (variante de la marche rampante
présentée sous forme de jeu).

Les joueurs, placés en colonne, se couchent sur le ven-
e et, au signal donné, se déplacent latéralement et le
lus vite possible en cherchant à s'aplatir.

Pour les stimuler, l'instructeur fixe une limite de ter-
ain et déclare gagnant le joueur qui a atteint le but le
remier en rampant le plus près possible du sol.

2ᵉ Série : Grimper, escalader.

1. — Appui avant, flexion des bras.

Pour passer de la station droite avant, s'accroupir,
lacer la paume des mains sur le sol à un écartement
n peu supérieur à celui des épaules, doigts joints et
égèrement dirigés vers l'intérieur, porter successive-
nent les jambes vers l'arrière et étendre le corps. Les
ieds touchent le sol par la pointe seulement, le corps
st soutenu par les bras tendus. Il faut éviter de lever
e menton et avoir soin de garder la tête, le tronc et les
ambes dans le même prolongement.

Etant dans cette position :

a) Fléchir les bras, les coudes écartés, la poitrine
enant effleurer le sol, la tête, le tronc et les jambes
estant dans le même prolongement.

b) Revenir à la position initiale.

2. — Suspension allongée ou inclinée et flexion des bras.

a) **Suspension allongée** (à une ou deux barres ou perches horizontales).

Le corps tombe naturellement, suspendu par les mains à une ou deux barres, les **bras** allongés, les pieds joints et en légère extension.

Il faut éviter d'avoir les mains trop rapprochées et avoir soin de garder le tronc, la tête et les jambes dans le même prolongement.

b) **Suspension inclinée** (à une barre ou perche horizontale).

Pour passer de la station droite à la suspension inclinée, saisir la barre avec les mains placées à l'écartement un peu supérieur à celui des épaules, paumes en avant; étendre le corps et les jambes sous la barre, bras allongés un peu en dehors du plan vertical de la barre. Dans cette position, les talons reposent sur le sol et le corps se trouve suspendu à l'appareil par les mains, bien tendu, pieds en extension, épaules fixes, tronc et tête dans le prolongement des **jambes**.

Etant dans l'une ou l'autre de ces suspensions, **pour passer à la suspension bras fléchis,** exécuter une flexion des bras en élevant le corps jusqu'à ce que la tête dépasse la barre ou en rapprochant le corps de la barre, les coudes restant écartés et portés le plus possible en arrière, le corps maintenu étendu, la tête basse.

Revenir ensuite à la position première en allongeant lentement les bras.

3. — Le passe-rivière.

Deux façons de pratiquer ce jeu :

1º Tirer à soi la corde ou la perche d'un portique et s'élancer en se suspendant par les mains, les pieds en avant.

Atteindre le point le plus éloigné possible du point de départ par une chute sur la pointe des pieds en lâchant les mains.

Même exercice avec une corde attachée à une branche d'arbre;

2º Saut à la perche. (Voir Règlement d'éducation physique de 1910.)

4. — Chat perché en suspension par les mains et les pieds.

Au cri de « le dernier perché l'est » que pousse l'un des joueurs, celui qui reste à terre devient chat.
Il est interdit de se percher autrement que par suspension, soit aux barres doubles, soit aux divers agrès (cordes, perches, barre fixe, barres parallèles, etc.), soit encore à la crête d'un mur, aux arbres, grilles, palissades et autres obstacles.
Les pieds ne doivent pas toucher le sol.
Les joueurs doivent changer de perchoir; c'est pendant cette opération que le chat cherche à attraper son remplaçant; tout joueur perché est inviolable.

Observation. — Former des groupes de 6 à 12 joueurs au maximum; limiter pour chaque groupe la surface dans laquelle les perchoirs pourront être utilisés (10 mètres × 10 mètres, par exemple).

5. — L'écureuil (ou de plus en plus haut).

C'est une variante du chat perché en suspension.
A un signal donné par l'instructeur, les joueurs s'élèvent en grimpant davantage au même obstacle.

6. — La quille saoûle.

Un joueur désigné fait la quille saoûle. Les autres joueurs (8 à 12) sont placés en cercle sur un rang, assis sur le sol face à l'intérieur, avec un intervalle inférieur à 50 centimètres (d'épaule à épaule).
La quille saoûle, debout au centre du cercle, les bras contre le corps, se raidit le plus possible et se laisse tomber sur les joueurs qui cherchent à la repousser.
Quiconque se laisse renverser sur le sol ou ne peut repousser la quille saoûle remplace celle-ci au centre du cercle et le jeu est repris dans les mêmes conditions.

7. — La brouette.

Les joueurs sont placés en ligne sur deux rangs.
Le premier rang se met en appui avant, les bras tendus, le corps droit, les jambes écartées. Le deuxième rang saisit les jambes à hauteur des chevilles.
L'instructeur désigne un but à atteindre et donne le signal du départ. Les joueurs du premier rang avancent sur les mains aidés par le porteur qui donne une impulsion en avant.
Quand le but est atteint par tous, l'instructeur fait faire demi-tour et intervertir les rôles.

Observation. — Pour stimuler les élèves, le jeu se fera sous forme de course.

8. — Le pendu (variante du chat perché).

Les joueurs, au signal donné, s'élancent vers les arbres, les perches, les cordes, les arêtes du mur, etc., et se suspendent par les mains, les aisselles, sans l'aide des pieds. La suspension se fera aussi par les avant-bras le long des poutres horizontales et des crêtes de mur.

9. — Lutte de traction aux cordes.

Les joueurs sont divisés en deux camps à peu près d'égale force.

Une corde de grosseur moyenne est étendue sur le sol. Les camps se faisant face, les joueurs se groupent en grappe sur chaque moitié de la corde qu'ils saisissent des deux mains et s'arc-boutent sur les jambes prêts à entrer en lutte.

Au signal de l'instructeur, les joueurs tirent de toutes leurs forces en s'excitant, s'encourageant et coordonnant leurs efforts dans chaque camp.

La lutte est terminée lorsque l'un des deux camps a été traîné l'espace de quatre ou cinq pas.

10. — Lutte de répulsion aux perches.

Choisir une perche assez forte et assez résistante.

Même disposition des joueurs en deux camps que pour la lutte de traction aux cordes.

Les joueurs, au signal, poussent sur la perche de toutes leurs forces et essaient de faire reculer leurs antagonistes.

3ᵉ Série : Sauter.

1. — Sautillements sur place.

Sautiller sur place, sur la pointe des pieds en projetant le corps verticalement par des extensions et des flexions successives des pieds.

Ces sautillements se font :

Mains aux hanches et jambes tendues; ou avec écartement latéral des bras et des jambes;

Ou mains aux hanches avec flexions des cuisses sur le bassin et des jambes sur les cuisses.

2. — Les jarcotons.

Les joueurs sont placés en colonne par un, à un pas de distance, dans la position accroupie, mains aux hanches.

A un signal donné, les joueurs partent en sautant, et, sans se redresser, cherchent à suivre le guide de tête, qui accélère peu à peu la vitesse. Le jeu peut encore être pratiqué « à l'émulation ». Dans ce cas, les joueurs, placés en ligne sur un rang, à deux ou plusieurs pas d'intervalle, partent au signal de l'instructeur et chacun d'eux cherche à arriver le premier au but tracé sur le sol à une distance variable d'après l'entraînement (6 à 8 mètres au début; ne pas dépasser 12 à 15 mètres).

3. — Le coupe-jarrets en cercle.

Un joueur désigné, appelé trimeur, dispose d'une corde de 2 à 4 mètres de longueur et terminée à une extrémité par un sachet de terre ou de sable.

Les autres joueurs (en nombre très variable) sont placés en cercle sur un rang à un ou plusieurs pas d'intervalle et face à l'intérieur.

Le trimeur, placé au centre du cercle, fait tourner la corde horizontalement à hauteur des jarrets des joueurs, qui cherchent à éviter la corde par un saut en hauteur; tout joueur qui arrête la corde remplace le trimeur.

4. — Les grenouilles.

C'est une variété du jeu les « jarcotons ».

Les joueurs sont formés par groupes de deux, dans la position accroupie, dos à dos, les bras enlacés.

Comme pour les « jarcotons », le jeu est pratiqué soit en colonne, soit en ligne, à l'émulation.

Observation. — Diviser en deux parties égales la durée de la course, de manière que dans chaque groupe les joueurs aient à se déplacer en avant et en arrière.

La course à l'émulation n'est pratiquée que lorsque les joueurs sont suffisamment exercés.

5. — Le pas de géant.

On trace sur le sol deux raies parallèles à une distance variable d'après l'entraînement (10 à 12 mètres au début; ne pas dépasser 20 à 25 mètres).

Les joueurs sont placés sur un rang, à deux ou trois pas d'intervalle, sur l'une des lignes. A un signal donné par l'instructeur, chacun d'eux cherche à franchir l'espace entre les deux raies, avec le minimum de sauts.

Chaque joueur accuse ensuite à l'instructeur le nombre de pas qu'il a dû faire, et la partie recommence.

Au lieu de placer les joueurs sur la ligne de départ, on peut les disposer à quelques mètres en arrière de cette ligne pour exécuter le premier saut avec élan et réduire ainsi au minimum le nombre de pas nécessaires pour franchir l'espace indiqué.

6. — Le cloche-pied.

Les joueurs, en colonne par un ou en ligne, avancent en sautant sur un pied à l'imitation du guide placé devant qui change de pied de distance en distance. Le guide augmente ou ralentit l'allure; les autres joueurs se conforment à son mouvement.

Le cloche-pied peut encore être pratiqué à l'émulation.

Les joueurs, placés en ligne, partent sur le pied gauche au signal donné par l'instructeur; il s'agit d'arriver le premier au but tracé sur le sol et à une distance variable d'après l'état d'entraînement (au début 6 à 8 mètres; ne jamais dépasser 12 à 15 mètres).

Le jeu est recommencé en sens inverse sur le pied droit.

Observation. — Si quelques joueurs tentent à frauder en plaçant de temps en temps sur le sol le pied qui devrait être levé, l'instructeur fait tenir un pied dans la main pendant la course.

La poursuite et le chat coupé peuvent aussi être pratiqués à cloche-pied sur le pied indiqué par l'instructeur.

7. — Le saute-mouton à la poursuite.

Les classes étant généralement disposées sur deux ou plusieurs rangs, le jeu peut être pratiqué soit par les files perpendiculairement au front, soit par rangs.

Les hommes de tête de colonne forment les premiers moutons à franchir et prennent la position suivante : le dos courbé, les jambes un peu fléchies, les bras croisés et appuyés sur les genoux, la tête baissée.

Le n° 2 de chaque colonne franchit le mouton et se place dans la même position, à un pas d'intervalle; les n°s 3, 4, 5, etc., opèrent de la même façon.

Observation. — L'intensité varie selon la hauteur et l'intervalle des moutons, la vitesse et la durée du jeu.

Pour augmenter la vitesse, le saute-mouton peut être pratiqué à l'émulation entre deux ou plusieurs rangs.

Enfin, si l'habileté des joueurs le permet, les moutons sont placés dans la position de « station avant », bras croisés devant la poitrine, le mouton tournant le dos aux sauteurs.

Dans tous les cas, pour éviter les coups, les moutons doivent baisser la tête le plus possible.

8. — Le saute-borne à la poursuite.

Les joueurs se séparent en deux camps; ceux du premier (borne) se placent sur un rang, à un pas d'intervalle (ou une longueur de bras). Ceux du deuxième camp se placent dans la même formation, à 3 ou 4 pas derrière le premier et en face des créneaux. Au signal donné, ils s'avancent, placent les mains sur les épaules de leurs camarades (bornes), se mettent à l'appui tendu, les jambes pendant naturellement, sautent en avant, le plus loin possible et se portent à 3 ou 4 pas en avant pour servir de bornes à leur tour.

Les joueurs du premier rang franchissent ensuite et le jeu continue ainsi en sautant et en servant alternativement de bornes.

Observation. — Quelquefois aussi, les bornes se mettent en marche et font 8 à 10 pas avec les camarades sur leurs épaules.

9. — Saute-mouton au but, avant ou arrière.

Un joueur désigné se place comme mouton.

On trace sur le sol, à l'aide d'une raie ou d'une ficelle, une limite en deçà ou au delà du mouton que les joueurs, successivement, doivent franchir sans toucher la limite indiquée.

Après chaque tour, le mouton s'écarte de la ligne de deux pieds de largeur.

Le mouton est remplacé par le joueur qui a touché la ligne ou encore, d'après les conventions, par celui qui a touché la tête du mouton.

4ᵉ Série : Porter.

1. — Mouvements du tronc.

a) *Mains aux hanches* (ou *mains aux épaules* ou *bras levés*). — Flexion du tronc :

1º Faire pivoter lentement le tronc en avant, les reins cambrés, la tête demeurant dans le prolongement du tronc;

2º Revenir lentement à la P. I.

Quand le mouvement de flexion du tronc est exécuté avec les bras levés, on veille à ce que les bras soient parfaitement maintenus dans le prolongement du tronc et non trop baissés.

La flexion du tronc peut être exécutée en partant de la P. F. ou de l'une des P. I. : *Pieds joints; — station écartée; — station avant; — fente avant.*

On a soin d'éviter, en exécutant les flexions du tronc, de porter le bassin trop en arrière, d'arrondir le dos ou de trop creuser les reins.

b) *Grande station écartée, mains aux hanches.* — ROTATION DU TRONC :

Tourner lentement le tronc, sans déranger la position des hanches, de la tête, les épaules et les bras suivant le mouvement du tronc.

c) *Grande station écartée, mains aux hanches.* — FLEXION LATÉRALE DU TRONC :

Incliner lentement le tronc latéralement sans déranger la position des hanches, la tête, les épaules et les bras suivant le mouvement du tronc.

2. — La bascule dorsale.

Les joueurs sont placés en ligne, sur deux rangs, se tournant le dos.

Au commandement de « en position », les joueurs se rapprochent deux à deux et entrelacent leurs bras. Au signal donné, chaque joueur du même rang soulève son camarade sur le dos, les jambes tendues, en faisant une traction des bras et une flexion du tronc, puis il le ramène doucement sur le sol en se redressant à son tour. Le camarade accomplit la même action. Le jeu cesse au commandement de l'instructeur.

Le camarade soulevé par l'autre effectue une flexion des cuisses sur le bassin.

3. — La chaîne.

Les joueurs sont placés en ligne sur un rang, côte à côte. Ce jeu consiste à passer un objet d'un certain poids de joueur en joueur sur toute la ligne.

Le premier joueur saisit le poids représenté par une pierre, un sac, etc., le corps à hauteur de ceinture et le passe au deuxième; celui-ci le passe au troisième et ainsi de suite jusqu'au dernier.

Pour stimuler les joueurs, on pratiquera l'émulation entre deux ou plusieurs lignes placées parallèlement à la même hauteur.

4. — La chaine étagée.

Même exercice que précédemment, et même façon de stimuler les joueurs.

Ceux-ci sont placés le long d'une échelle inclinée de part et d'autre d'un portique pour se passer un objet d'un certain poids au-dessus de leur tête.

5. — La balle cavalière.

Les joueurs, en nombre pair, se divisent en deux camps : cavaliers et chevaux, et se placent sur un cercle dont le diamètre varie suivant le nombre des joueurs.

Les cavaliers montent sur les chevaux. Un cavalier lance une balle trois fois en l'air et la rattrape, puis l'envoie à son camarade, qui la jette à son voisin.

Après avoir fait le tour du cercle, la balle est lancée par le premier à un autre cavalier choisi par lui.

Si la balle tombe à terre, les cavaliers descendent de cheval et s'enfuient; un des chevaux ramasse la balle et la lance sur l'un des cavaliers, sans sortir du cercle. Si le cavalier est atteint, les rôles changent; dans le cas contraire, la partie continue.

6. — La chaise au porteur.

Les joueurs sont placés en colonne sur trois rangs à plusieurs pas en profondeur et les hommes du deuxième rang dans les créneaux.

Au commandement de « en position », les camarades des premier et troisième rangs, se faisant face, entrelacent leurs mains en se tenant par les poignets et de façon à former un plateau sur lequel l'homme du deuxième rang s'assoit, bras passés autour du cou des deux camarades.

Au signal donné, les porteurs marchent jusqu'à la limite marquée. L'instructeur fait changer les joueurs, de façon que chacun soit porté à son tour.

7. — Chacun son tour d'être porté.

Les joueurs, en nombre pair, se divisent en deux : cavaliers et chevaux, et se placent sur la ligne du départ.

Les cavaliers montent sur les chevaux et, au signal donné, la course commence; le but est tracé sur le sol à une distance variable avec l'entraînement des joueurs, 10 à 12 mètres au début. Aussitôt le but atteint, faire changer le rôle à chacun des joueurs et refaire le même trajet en sens inverse.

La façon de porter peut d'ailleurs varier selon les indications de l'instructeur. (A cheval sur les épaules, sur les hanches, à plat ventre sur une épaule, en travers sur les deux épaules, etc.)

8. — L'ours.

Le nombre des joueurs est d'environ une vingtaine; deux d'entre eux sont les maîtres de camp.

On procède d'abord à la formation des camps. Les maîtres de camp ayant tiré au sort, celui qui a l'avantage choisit un joueur; l'autre en prend un à son tour et ils continuent ainsi à choisir leurs partenaires jusqu'à ce que tous les joueurs aient été partagés entre les deux camps.

Les deux troupes ayant été ainsi formées, on trace sur le sol, au moyen d'une ficelle, deux cercles concentriques, le rayon du petit cercle variant avec le nombre des joueurs et le rayon du grand cercle ayant toujours de 1 à 2 mètres de plus que celui du petit cercle.

L'un des camps est composé des « ours » et l'autre des « sauteurs ». Au commencement de la partie, ceux des joueurs choisis par le maître de camp que le sort n'a pas favorisé sont condamnés à être les ours. Ils se rangent dans le cercle intérieur, en courbant légèrement le dos et la tête et en entrelaçant leurs bras autour du cou de leurs voisins, de manière à présenter une sorte de plateforme sur laquelle s'élancent les joueurs du parti opposé : les sauteurs.

Le maître de camp, ou gardien des ours, se tient entre la première et la deuxième circonférence, les sauteurs au delà de la grande circonférence.

Les sauteurs cherchent à se lancer sur le dos des ours sans être pris par le gardien. Ils n'ont rien à craindre tant qu'ils sont en dehors du grand cercle, en l'air ou sur le dos des ours. Ils peuvent descendre quand ils le jugent à propos pour sauter de nouveau, mais ils sont tenus de conserver la position dans laquelle ils se trouvent immédiatement après le saut, sans pouvoir faire usage de leurs jambes, ni pour gêner les ours, ni pour se maintenir en position. Si l'un d'eux est saisi par le gardien des ours « touchant terre » entre les deux cercles, soit en voulant sauter, soit en s'éloignant, soit en tombant à terre du dos des ours, la partie est perdue pour les sauteurs, qui prennent alors la place des ours. Si, au contraire, le poids des sauteurs est trop considérable pour les forces des ours et que les sauteurs aient pu surprendre l'un des ours lâchant ses compagnons en fonçant, c'est-à-dire s'affaissant sous le poids des sauteurs, ceux-ci descendent et les ours continuent leur rôle jusqu'à ce qu'ils soient délivrés par la maladresse de l'un des sauteurs.

9. — Le cheval fondu.

Les joueurs (9 à 13) se divisent en deux camps : chaque camp remplit à son tour les fonctions de cavaliers ou de chevaux. La mère est en dehors des deux parties; elle se borne, adossée à un arbre, à recevoir contre sa poitrine la tête du premier cheval qui courbe l'échine et s'arc-boute d'une façon stable. Le deuxième cheval appuie sa tête le long des flancs du premier, auquel il se cramponne, en outre, à l'aide des bras; de même pour le troisième, etc.

Les cavaliers, à califourchon, « sautent » sur les chevaux. Pour mener à bonne fin la partie, les cavaliers font sauter le premier, le plus agile d'entre eux, qui s'efforce, par un élan considérable, de tomber à cheval le plus près possible de la mère, de façon à laisser au moins libre la place derrière lui. Lorsque tous les cavaliers sont à cheval, on frappe trois coups dans les mains, les cavaliers descendent et recommencent à sauter. Pour changer les camps, il faut que l'un des cavaliers ayant mal calculé son élan chancelle et touche le sol, ou bien que tous les cavaliers ne trouvent pas à se placer et à se maintenir jusqu'au troisième coup frappé dans les mains. Si les chevaux fondent, c'est-à-dire s'ils s'affaissent sous le poids des cavaliers, ils ont perdu et reprennent leur place.

Observation. — Ce jeu peut être dangereux si on agit avec brutalité; on doit sauter légèrement et prendre appui sur les mains ouvertes. La classification en forts, moyens, etc., des élèves diminue le danger de ce jeu.

10. — Bébé et sa nourrice.

Les joueurs, divisés en deux camps, sont placés en ligne sur deux rangs, se faisant face et à plusieurs pas d'intervalle. Au commandement de « en position », les hommes du même rang soulèvent le camarade de l'autre camp en le prenant sous les aisselles et sous les cuisses, les jambes fléchies. (Ne pas exagérer les cris.)

Au signal de l'instructeur, les joueurs marchent jusqu'à une limite fixée; on fait demi-tour, les joueurs changent de rôle et la marche recommence en sens inverse.

Application : transport de blessés dans les boyaux.

5ᵉ SÉRIE : COURIR.

1. — Mains aux hanches. Demi-flexion ou flexion des jambes.

1° S'élever sur la pointe des pieds;

2° Fléchir les jambes en écartant les genoux, talons

élevés et joints, corps d'aplomb, jusqu'à ce que les cuisses forment un angle droit avec la jambe;

3º Se relever sur la pointe des pieds;

4º Reprendre la P. I. On peut également exécuter des mouvements de bras combinés avec ces mouvements de jambes.

2. — Pas gymnastique.

Mettre un guide en tête pour régler l'allure. Débuter par une ou deux minutes de pas cadencé. Prendre progressivement l'allure du pas gymnastique jusqu'à la vitesse réglementaire (faire l'expiration complète).

Avant la fin de la course, ralentir l'allure. Terminer par quelques minutes de marche avec exercices respiratoires.

Dans les séances pour groupe de faibles, ne pas dépasser cinq minutes de course proprement dite.

Les parcours au pas gymnastique sont rendus plus attrayants par l'exécution de marches serpentines, en spirales, en cercles, en étoiles, etc.

3. — Pile ou face.

Les joueurs forment deux camps : celui des « piles » et celui des « faces ». On trace aux deux extrémités du terrain de jeu (30, 40, 50 mètres) un refuge pour chaque camp. Le directeur du jeu se place au milieu du terrain, les joueurs sur un rang, à droite et à gauche du directeur, en se tournant le dos, et de façon que chaque camp se trouve du côté du refuge qui lui appartient.

Le directeur du jeu ayant convenu d'un « côté pile » et d'un « côté face », lance en l'air un carton, un palet, une pièce de monnaie, etc. Si l'objet tombe du côté pile, il crie : « pile »; si l'objet tombe du côté face, il crie : « face ».

Au cri de « pile », tous ceux qui sont de ce camp se mettent à courir vers leur refuge, situé à une distance variable avec l'entraînement des joueurs (10 à 15 mètres au début). Les joueurs du camp opposé se retournent, poursuivent ceux du camp adverse et cherchent à les atteindre. Quiconque est touché est ramené dans le camp de celui qui l'a fait prisonnier.

Même manœuvre au cri de « face ».

La partie est terminée quand tous les joueurs se trouvent dans un camp; mais dans la séance de gymnastique, l'instructeur fait cesser le jeu lorsqu'il en juge la durée suffisante. Dans ce cas, le côté gagnant est celui qui a le plus de prisonniers.

Les joueurs peuvent également se faire face, au lieu de se tourner le dos, au début de la partie.

. — Le loup et l'agneau.

Le loup, désigné par l'instructeur, est en dehors du rang. Les joueurs, placés à la queue leu leu, se tiennent solidement par les hanches; le premier est le gardien, le dernier est l'agneau. Au signal donné par l'instructeur, le loup cherche à saisir l'agneau, mais le joueur de tête (gardien) et les suivants s'efforcent de l'en empêcher par des déplacements convenables.

Si le loup réussit à attraper l'agneau, il a partie gagnée.

Les trois joueurs (loup, agneau, gardien) qui viennent de fournir un effort plus violent que leurs camarades se placent alors au milieu de la colonne de joueurs et le jeu continue avec un autre loup, un autre gardien et un autre agneau.

Observation. — Le joueur de tête (gardien) ne doit pas saisir le loup avec ses mains; il peut écarter les bras. Ce jeu est très intense lorsqu'il est bien conduit; aussi sa durée doit être limitée (3 à 5 minutes).

Le loup doit être changé assez fréquemment, même s'il ne réussit pas à saisir l'agneau. Les joueurs doivent éviter de rompre la chaîne.

5. — Le chat coupé.

Le chat, désigné par l'instructeur, nomme un joueur à qui il donne trois pas d'avance, puis se met à sa poursuite. S'il attrape le joueur, ce dernier le remplace.

Si au cours de la poursuite un joueur traverse entre le chat et le joueur poursuivi, le premier abandonne le second pour courir après le « coupeur », et ainsi de suite chaque fois qu'un « coupeur » nouveau se présente.

Observation. — Former des groupes de 6 à 12 joueurs. Pour forcer tous les élèves à courir, l'instructeur intervient s'il est nécessaire en désignant les « coupeurs ». Il peut aussi remplacer le chat, lorsqu'il estime que ce dernier a fourni un effort suffisant.

6. — La mère Garuche.

Le mot garuche s'applique à un mouchoir roulé en anguille; il convient de défendre de trop serrer le mouchoir ou d'y mettre des cailloux ou tout autre objet dur.

On limite d'abord la surface du jeu par un rectangle de 15 mètres sur 25, pour 12 à 24 joueurs; sur l'un des petits côtés, on trace extérieurement un camp (3 mètres environ) qui sera le refuge de la « mère Garuche » et où aucun autre joueur ne doit pénétrer; les joueurs se disséminent à leur fantaisie dans le grand rectangle.

Alors la mère Garuche (joueur désigné par l'instructeur) crie : « La mère Garuche sort du camp » et aussitôt elle se met en chasse. Quand elle atteint un joueur
de sa garuche, celui-ci devient un enfant de la mère
Garuche et il doit regagner le camp à toute vitesse pour
éviter les coups de garuche que les autres joueurs lui
distribuent généreusement aux jambes et aux épaules
seulement.

Ensuite, la mère Garuche fait sa deuxième sortie,
accompagnée de son enfant, et, cette fois, tous deux se
tiennent par la main ou par la garuche.

La chasse recommence et les joueurs, pour être pris,
doivent être touchés par la mère. Celle-ci ne doit jamais
se séparer de son enfant, sans quoi gare à la garuche !

Ainsi, la famille de la mère Garuche s'accroît suivant
son adresse. Et chaque fois qu'elle prend un nouveau
joueur, la chaîne se rompt et chaque enfant s'empresse
de rentrer au camp pour éviter les coups de garuche.

La partie est finie lorsque tous les joueurs sont pris.

La mère Garuche a seule le droit de prendre avec la
garuche; les enfants peuvent arrêter un partenaire, mais
celui-ci n'est prisonnier qu'après avoir été frappé par la
mère.

Si les enfants se séparent accidentellement ou si la
chaîne est rompue par les joueurs, les Garuches sont
repoussés dans leur camp sous les coups des joueurs.

Celui qui frappe à tort devient enfant.

Par suite de convention entre les joueurs, la mère
Garuche peut être libérée quand elle a fait 4, 5 ou 6 prisonniers.

Le premier des enfants devient mère Garuche; un nouveau prisonnier étant fait, la Garuche cède sa place au
deuxième prisonnier, et ainsi de suite jusqu'à la fin de
la partie.

7. — Les (4, 6, 8) coins.

On trace d'abord sur le terrain un polygone régulier
de 4, 6, 8 côtés (les coins peuvent être déterminés par des
raies sur le sol, arbres, effets du sol, etc.). Le nombre
des joueurs est égal à celui des coins, plus un. Au signal
donné, chaque joueur occupe un coin, sauf le dernier
arrivé, qui se place au centre du terrain de jeu pour
remplir le rôle de pot.

Dès lors, le « pot » observe attentivement les autres
joueurs qui changent de place entre eux et passent d'un
coin à un autre, soit à volonté, soit à un signal donné.

Le « pot » doit saisir une occasion favorable pour
s'emparer d'une de ces places avant qu'elle soit occu-
pée, et lorsqu'il y a réussi, celui qu'il a dépouillé devient
« pot » à son tour.

8. — L'épervier.

On trace un camp à chaque extrémité du terrain dont on dispose (30 à 40 mètres de long sur 15 à 20 mètres de large pour 12 à 24 joueurs).

Deux joueurs, appelés « pêcheurs », se placent entre les deux rangs et cherchent à prendre ceux de leurs camarades qui passent d'un camp dans l'autre.

Quand les pêcheurs crient : « au large », les poissons sortent du camp et doivent passer dans l'autre. S'ils sont touchés avant d'avoir gagné ce camp, ils forment une chaîne (ou épervier) dont les deux pêcheurs occupent les extrémités; mais ces deux pêcheurs, seuls, peuvent prendre, et ce à condition que la chaîne ne soit pas rompue.

Le joueur qui est sorti d'un camp ne peut pas y rentrer; il doit gagner l'autre camp, au risque de se faire prendre. Les poissons peuvent forcer le filet en se jetant au milieu et en brisant une maille par la séparation de deux joueurs.

Les deux derniers joueurs pris deviennent pêcheurs dans la partie suivante.

9. — Le chat et la souris.

Les joueurs en cercle sur un rang se tiennent par la main, les bras écartés. Celui qui est désigné comme « souris » tourne en dehors du cercle et frappe l'un des joueurs qui devient alors « le chat ».

Celui-ci quitte son intervalle que ses deux voisins ferment en se rapprochant.

Le chat poursuit la souris à travers les intervalles où celle-ci a passé et s'il l'attrape devient souris; l'ancienne souris rentre dans le rang et la nouvelle choisit son chat.

Si après le nombre de tours fixé par les joueurs le chat n'a pas pris la souris, il rentre à sa place et la souris en choisit un autre, comme elle l'a fait précédemment.

Observation. — Le nombre de joueurs ne doit pas dépasser 8 ou 10, de manière à faire courir tous les joueurs pendant la courte durée du jeu (de 3 à 5 minutes).

10. — Volés, gendarmes et voleurs.

Pas gymnastique sous forme de jeu pour stimuler les mauvais coureurs.

Terrain choisi : piste, route, terrain plat, terrain accidenté, etc.

Les joueurs, placés à l'une des extrémités du terrain

choisi, forment trois groupes distincts, séparés les uns des autres par quelques mètres : en avant, les voleurs choisis parmi les moins bons coureurs; au milieu, les gendarmes, l'instructeur et deux ou trois bons coureurs; en arrière, les volés (bons coureurs).

Au signal donné, les trois groupes partent au pas gymnastique, les voleurs chercheront à gagner l'autre extrémité du terrain, où ils deviendront inviolables. Les gendarmes, guidés par l'instructeur, s'élanceront à leur poursuite en les pressant, sans cependant chercher à les prendre et en évitant, par suite, de les obliger à fournir un trop grand effort.

Les volés suivront le groupe des gendarmes pour assister à la prise éventuelle des voleurs. Si, parmi les volés, quelques joueurs restaient en arrière, ils seraient versés dans le groupe des voleurs.

Le jeu cesse au signal de l'instructeur.

La course peut être faite dans l'un ou l'autre sens, toujours en donnant une petite avance au groupe des voleurs.

6ᵉ SÉRIE : LANCER.

1. — Circumduction des bras.

Faire passer les bras sans arrêt par les positions successives de bras avant, levés, latéraux, arrière et la position fondamentale.

2. — La balle aux casquettes (ou aux pots).

A défaut de trous creusés dans le sol en nombre égal aux joueurs, ceux-ci sont remplacés par les casquettes renversées et groupées sur le sol.

L'un des joueurs est désigné pour lancer la balle d'une limite marquée (10 mètres au maximum) dans l'une des casquettes.

S'il lance la balle trois fois sans la placer, il met un caillou dans sa casquette et la balle passe au suivant. S'il place la balle, tous les joueurs s'enfuient, sauf le propriétaire de la casquette qui saisit la balle et essaie d'atteindre l'un des joueurs. Le joueur atteint « calé » met une pierre dans sa casquette et prend la balle. Si personne n'est atteint, le « calé » met une pierre dans la sienne et conserve la balle. Le joueur qui a trois pierres dans sa casquette est fusillé. Il se place au mur en présentant le dos et le camarade désigné le fusille en lui lançant trois fois la balle sur le dos, d'une distance fixée. Des conventions, variées à l'infini, peuvent être adoptées dans ce jeu pour compliquer l'exercice du lancement et développer l'adresse des joueurs.

3. — Le massacre.

On fixe le long d'un mur ou l'on suspend sur une même ligne un ou plusieurs mannequins.

Les joueurs, placés à 15 ou 20 mètres des buts, sont munis de pierres de grosseur moyenne.

Au signal donné, ils lancent leurs pierres sur le mannequin, en visant d'abord une partie quelconque de ces mannequins, puis une partie désignée par l'instructeur. A défaut de mannequins, les pierres sont lancées sur des objets quelconques d'une surface restreinte : arbres, poteaux, piliers, etc.

4. — La balle au mur (ou la pelote basque à main nue).

Sur un mur sans fenêtres, presque uni, on trace, à environ 1^m,50 du sol, une ligne horizontale; et si le mur est trop large, on trace deux limites verticales espacées de 4 à 5 mètres.

On peut jouer à deux, quatre ou six.

A deux, l'un des joueurs sert la balle au-dessus de la limite horizontale et entre les deux limites verticales.

L'autre joueur l'attend et la renvoie contre le mur, soit avant qu'elle ait touché le sol (coup de volée), soit après un premier bond. Le premier, à son temps, agit de même et renvoie la balle à son adversaire.

Tout l'art consiste à faire commettre des fautes à son adversaire et éviter de s'en rendre coupable soi-même.

Les fautes consistent : 1° à manquer la balle; 2° à la manquer soit de volée, soit après le premier bond; 3° à la renvoyer contre le mur en dehors des limites tracées.

Si les joueurs sont plus de deux, ils se divisent en deux camps égaux et occupent tout le champ du jeu; ils reçoivent et renvoient la balle chacun à son tour.

La partie se joue en 10 ou 20 points, chaque faute comptant un point.

Pour augmenter la difficulté, les limites verticales sur le mur peuvent être prolongées sur le sol perpendiculairement au mur.

5. — La balle au chasseur.

Le nombre des joueurs est quelconque. L'un d'eux, désigné par le sort, est le chasseur. Il se place en un point qu'il choisit; puis, pour permettre aux autres joueurs de se disperser, il lance la balle trois fois en l'air en la recevant chaque fois dans les mains. Il peut alors la lancer sur un camarade, mais sans quitter sa place.

Tout joueur atteint devient le chien du chasseur et,

comme ce dernier, il a le droit de prendre la balle et d'en frapper les autres joueurs pour en faire aussi des chiens; mais, de même que le chasseur, il est obligé de lancer la balle de la place où il l'a ramassée.

La partie se termine quand tous les joueurs sont devenus chiens.

A la partie suivante, le rôle du chasseur est exercé par celui qui a été fait chien le premier; dans le cours de la partie, les joueurs qui n'ont pas encore été pris ont le droit de s'emparer de la balle et d'en frapper le chasseur ou les chiens, mais il leur est interdit, sous peine de devenir chien aussitôt, de la saisir d'abord avec la main; ils doivent la placer entre les deux pieds, la faire sauter en sautant eux-mêmes et la recevoir dans la main.

6 — Le passe-passe (ou le Médecin'Bool).

Les joueurs sont placés en ligne sur un rang ou en cercle à 2, 3 et 4 pas, etc.

Ce jeu consiste à lancer à une ou deux mains à portée de réception du camarade de combat un certain poids, tels que sacs de sable, pierres, etc., de joueur en joueur.

Le premier joueur saisit le poids représenté, le lance au deuxième; celui-ci le lance au troisième, et ainsi de suite jusqu'au dernier.

Pour stimuler, on pratiquera l'émulation entre deux ou plusieurs lignes parallèles de joueurs placés à la même hauteur.

7. — La balle au terrain.

Les joueurs (12 à 20) se divisent en deux camps assez éloignés qui, au début de la partie, se font face au milieu du jeu.

Un joueur du camp désigné lance la balle dans la direction adverse.

Un joueur de ce dernier camp ramasse la balle et, de l'endroit où elle s'est arrêtée, la renvoie dans la direction du premier camp.

L'objectif est de toucher avec la balle la limite du camp opposé; pour y arriver, il faut chercher à gagner du terrain à chaque jet.

On peut arrêter la balle avant qu'elle ait touché terre, mais sans la saisir et en frappant seulement avec la paume de la main.

Lorsque la balle a touché terre, on peut l'arrêter avec le pied ou la main pour l'empêcher de gagner du terrain.

Observation. — La balle ne doit pas être portée par un joueur pendant plus de deux pas.

8. — La petite guerre.

Variante du jeu de la balle au chasseur, mais préparant au lancer avec une intensité de course beaucoup moins grande.

Les joueurs sont divisés en deux camps, chaque camp désigne son chef de groupe qui veille à l'observation des conventions sous le contrôle de l'instructeur.

Les deux camps sont séparés par une distance variant de 20 à 30 mètres.

Au signal donné, le jeu commence (lancement de balle ou d'objets mous sur les adversaires), chaque combattant touché est « mort » et s'assied à terre.

Le combat cesse au signal donné ou quand il ne reste plus que deux ou trois combattants dans l'un des camps.

Remarque. — L'application de ce jeu pourra surtout se faire en hiver avec des boules de neige. Ce jeu peut être compliqué par le choix d'un terrain accidenté ou comportant des abris après qu'il a été déjà joué en terrain plat et uni.

LUTTE ET BOXE.

1. — Lutte d'opposition

Les deux antagonistes sont placés face à face, de chaque côté et à un demi-pas d'une ligne tracée sur le sol, les bras latéraux et en avant, les mains placées à plat les unes contre les autres, les jambes écartées, le corps en extension.

Chaque exécutant pousse sur les mains de son adversaire en progressant par de petits pas, cherchant ainsi à passer de l'autre côté de la ligne.

N.-B. — Interdiction de fléchir les jambes et de se servir de la poitrine pour faciliter la poussée.

2. — Manchot est maître chez lui.

On trace sur le sol un cercle dont les dimensions sont en rapport avec le nombre de joueurs. Ceux-ci, placés dans l'intérieur du cercle, cherchent à s'en chasser réciproquement en se poussant du dos, de l'épaule ou du bras. L'emploi des mains est interdit.

Le vainqueur de la partie est le joueur resté le dernier dans le cercle. Il est bon de prescrire aux joueurs de mettre les mains dans les poches.

3. — Combats de coqs.

Les joueurs sont placés en ligne sur deux rangs se faisant face. Au commandement de « en position », les joueurs s'accroupissent les bras fléchis, les mains en avant. Au signal donné, ils s'efforcent de se repousser deux à deux, en sautillant, accroupis. Le joueur qui tombe est hors du jeu. Les prises de corps sont interdites. (Les cris sont inutiles).

4. — Les deux camps.

On trace sur le sol une ligne de chaque côté de laquelle se rangent les joueurs divisés en deux camps égaux.

A un signal donné, les adversaires s'efforcent de s'attirer réciproquement dans leur camp en se saisissant par n'importe quelle partie du corps.

Suivant la décision adoptée au début de la partie, les joueurs entraînés dans un camp prennent ou non le parti de ceux qui les ont faits prisonniers.

Le jeu continue jusqu'à ce que tous les joueurs d'un camp aient été attirés dans le camp adverse.

Pour être prisonnier, il est nécessaire que le corps tout entier ait franchi la ligne tracée sur le sol. On peut également admettre qu'il suffit qu'une partie du pied ait dépassé cette ligne.

5. — Les prisonniers.

Les joueurs sont au nombre d'une vingtaine environ. Les deux tiers forment un cercle en se tenant par la main; l'autre tiers des joueurs placés au centre représentent les prisonniers et s'efforcent de sortir du cercle par tous les moyens.

Les joueurs du cercle abaissent ou élèvent les bras, fléchissent les jambes, se rapprochent ou s'éloignent pour former barrière.

Quand tous les prisonniers sont sortis du cercle, on désigne un nouveau tiers des joueurs comme prisonniers et l'action recommence.

Le jeu est arrêté au signal de l'instructeur.

6. — Le tournoi.

Le chef de la partie désigne les chevaux et les cavaliers. Les premiers choisissent les seconds. On se divise en deux partis de même force, se faisant face à quelques pas.

Au signal du chef, les deux camps marchent à la rencontre l'un de l'autre au galop.

Arrivé au corps à corps, chaque cavalier essaie de désarçonner son adversaire en le heurtant le plus vigoureusement possible, mais sans l'emploi des mains; celui qui tombe est hors de combat.

Le camp qui a le plus grand nombre de vaincus perd la partie.

Observation. — Ce jeu doit être pratiqué sur une pelouse ou sur du sable.

C. — **AUTRES JEUX**

1° LE JEU DU CROQUET

Le croquet se joue avec des boules de buis de 9 centimètres de diamètre, pesant 350 grammes; des arceaux de
20 centimètres de large sur 27 centimètres de hauteur et
des maillets de 95 centimètres de haut. Le terrain doit
être uni, légèrement sablé, et avoir comme dimensions
20 mètres sur 14.

Tenue du maillet. — On peut tenir à volonté le maillet de
côté ou de front. La tenue de front permet de mieux viser
et de frapper plus juste.

La boule doit être frappée, non poussée (queuter). Il
est interdit de la frapper plusieurs fois et elle doit franchir une distance d'au moins 15 mètres.

Coups à une balle. — Pour bien frapper la balle, il faut
que le maillet soit légèrement soulevé au moment de l'im-
pact. Il arrive parfois qu'une balle empêche de passer l'arceau. On peut surmonter la difficulté en envoyant sa balle
par dessus l'autre. On y parvient en frappant sa balle d'un
coup sec, suivant la direction indiquée.

Coups à deux balles. — Il faut connaître quelques coups
utiles. Si on désire envoyer la balle B d'un partenaire
devant tel arceau et diriger sa propre balle A vers tel autre,
on place obliquement A derrière B; on frappe perpendiculairement; les boules prendront respectivement les
positions voulues.

Si on désire que la boule A s'arrête après avoir frappé
B, qui doit aller plus loin, on retire son maillet immédiatement après le coup; A prendra la place de B qui ira
plus loin.

Si on veut que A dépasse B, on ne les place pas tout à
fait sur la même ligne et on frappe A en l'accompagnant
de son maillet (mais sans queuter).

Nota. — A égale distance, il est plus facile de toucher
une balle que de passer un arceau. Il ne faut jamais rester collé à la boule de son partenaire, l'intérêt du jeu y
perdrait.

2° LE FOOTBALL

CONSIDÉRATIONS GÉNÉRALES
SUR LE FOOTBALL (1).

Parmi les sports collectifs, le football occupe une place de premier rang.

Comme tous les sports d'équipes et avec encore plus d'étendue qu'aucun autre sport, le football développe la valeur collective des individus et, par suite, joue un rôle social important en créant l'esprit de discipline et de camaraderie et le sentiment de la solidarité qui font la force principale d'un grand peuple; il crée les qualités individuelles qui sont l'apanage des races supérieures : sang-froid, coup d'œil, initiative et esprit de décision, qui inspirent les vertus morales d'abnégation et de courage.

Ces hautes vertus morales sollicitent chez l'individu les énergies actives et hardies qui font la grandeur d'une nation dans la paix et qui s'épanouissent dans l'armée jusqu'aux suprêmes sacrifices et aux sublimes holocaustes consentis pour l'indépendance et l'honneur de la patrie!

Le football constitue, en outre, un spectacle de grand air des plus attrayants et parfois même passionnant lorsqu'il met en présence des joueurs de classe.

Sport d'une grande intensité, le football est mis dans la catégorie des sports d'hiver, c'est-à-dire qu'il doit être pratiqué non au cœur de l'hiver, comme les sports des hautes altitudes, mais en dehors de la saison chaude. En principe, on le pratique du 1er septembre d'une année au 1er juin de l'année suivante.

Le *football association* développe particulièrement les qualités physiques les plus précieuses dans la vie : adresse, souplesse, vitesse et endurance; il affine les sens et en particulier le sens musculaire; enfin, il active d'une façon intense les grandes fonctions.

Le *football rugby* est un sport complet, d'une très grande intensité, qui intéresse et met en mouvement toutes les parties du corps et constitue, de ce fait, un exercice des plus hygiéniques; il développe au maximum la souplesse, la vitesse, l'adresse, le souffle et l'endurance; enfin, il active d'une manière particulièrement intense les grandes fonctions.

(1) Extrait de la brochure *Le Football association et rugby*, Charles-Lavauzelle et Cie, éditeurs, prix : 2 francs.

L'association, comme le *rugby*, exigent, pour être pratiqués sans danger de surmenage, un entraînement individuel complet, sévère, rigoureux, visant à mettre d'abord chaque équipier *en condition;* puis une préparation collective habilement dirigée et portant sur la *technique* du jeu et ses combinaisons *tactiques*, en vue d'amener chaque joueur à la meilleure *forme*.

Dans le football association, sport cependant rempli de finesses, il n'est pas fait usage des mains, tout l'art résidant dans l'adresse des pieds et de la tête et dans la souplesse du tronc.

Le rugby, au contraire, intéresse toutes les parties du corps, nécessite un large emploi des membres supérieurs et enfin développe particulièrement les groupes musculaires du train inférieur.

Il importe, pour retirer de la pratique du football tout le bénéfice qu'il procure, d'en rechercher non seulement les résultats physiques et hygiéniques, mais les effets moraux.

Le football est, en effet, une école de loyauté et de désintéressement qui impose, pour le bénéfice de tous, l'abstraction de l'individualité et le respect de la discipline sportive.

Que ce mot de *discipline* n'évoque point, aux yeux des profanes, l'idée de contrainte, mais de libre consentement à la règle, et, en définitive, de garantie et de sauvegarde contre l'injustice et l'arbitraire. Il en résultera, parfois, de petits sacrifices individuels d'amour-propre, mais toujours des satisfactions dans l'intérêt général.

Cette discipline consentie et nécessaire fera que, dans l'équipe, le capitaine seul, représentant ses camarades, aura qualité pour faire des remarques à l'arbitre et pour donner des conseils à ses co-équipiers. Et alors, le spectacle sera à la fois agréable et impressionnant de voir évoluer une équipe silencieuse où la voix seule du capitaine indiquera de temps en temps la tactique à adopter!

Toutes les énergies, toutes les volontés, tous les cœurs se tendront vers le but, battront à l'unisson dans une aspiration commune et s'habitueront ainsi à pratiquer ces principes de solidarité qui font le bonheur et la grandeur des peuples : l'égalité dans le devoir, la fraternité dans le labeur et la récompense, la liberté dans la justice et la loyauté!

LE FOOTBALL ASSOCIATION.

I. — MATÉRIEL ET TERRAIN.

Ballon.

Le football association se joue avec un **ballon rond** de 67 cm. 5 à 70 centimètres de circonférence et pesant entre 368 gr. 875 et 425 grammes.

Terrain.

Le terrain de jeu, absolument plat et gazonné, de forme rectangulaire, a les dimensions suivantes :

Minimum : 91 mètres sur 45^m,50;
Maximum : 119 mètres sur 91 mètres.

Les lignes délimitant les petits côtés du rectangle se nomment **lignes de but;** celles qui marquent les grands côtés s'appellent **lignes de touche.**

Le terrain est partagé en deux parties égales par une ligne tracée sur le sol et passant par le milieu des deux lignes de touche. Du milieu du terrain, comme centre, est tracée une circonférence de 9^m,15 de rayon appelée **cercle d'envoi.**

Le **but,** placé dans la partie médiane des lignes de but, est formé par deux poteaux enfoncés en terre à 3^m,66 de part et d'autre du milieu de ces lignes et reliés l'un à l'autre par une barre transversale en bois, fixée à 2^m,44 au-dessus du sol.

L'épaisseur des poteaux et de la barre ne doit pas être supérieure à 0^m,125.

La **surface de but** est constituée par un rectangle dont les dimensions sont 18^m,30 et 5^m,49, tracé à l'intérieur du terrain de jeu, les petits côtés de ce rectangle étant perpendiculaires à la ligne de but et à 9^m,15 de chaque côté du milieu de cette ligne.

La **surface de réparation** est délimitée par un rectangle dont les dimensions sont 40^m,26 et 16^m,47, tracé à l'intérieur du terrain et dans les mêmes conditions que la surface de but.

Le **point de réparation** est marqué à l'intérieur de la surface de réparation, à hauteur et à 10m,98 du milieu de la ligne de but.

Nota. — Se reporter, pour les définitions et dimensions ci-dessus, à la figure 1 (dont les dimensions totales ont été arrondies en mètres et centimètres).

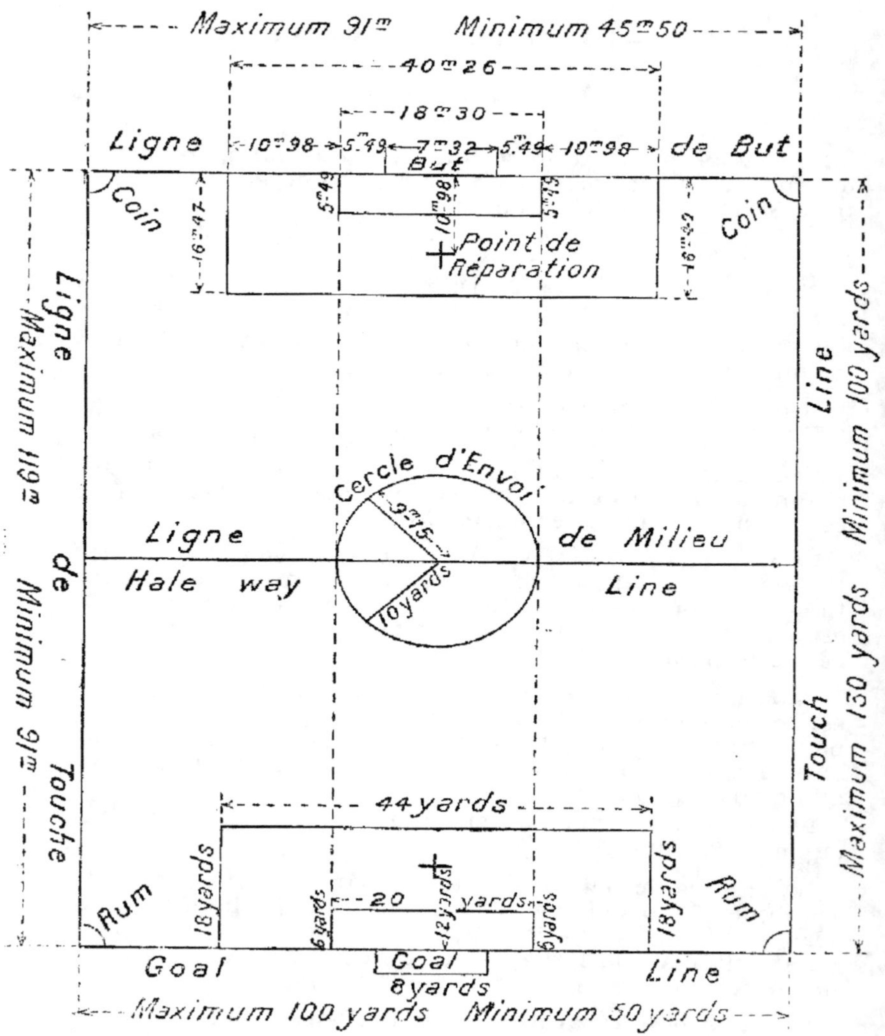

Fig. 1. — Terrain de Football Association.

II. — LES JOUEURS.

Tenue.

La tenue des joueurs comprend :

1º Un maillot ou une chemisette de sport;
2º Une culotte courte de sport;
3º Des bas dits « cycliste »;
4º Des chaussures en cuir à bout dur et à semelles munies de crampons de cuir pour éviter les glissades en terrain mou.

Nombre et répartition des joueurs.

Les joueurs, au nombre de **onze** dans chaque camp, sont répartis de la façon suivante :

Gardien de but			1
Arrières	Droit	1	2
	Gauche	1	
Demis	Demi-centre	1	3
	Demi-droit	1	
	Demi-gauche	1	
Avants	Avant-centre	1	5
	Inter-droit	1	
	Inter-gauche	1	
	Extrême-droit	1	
	Extrême-gauche	1	
	TOTAL		11 joueurs.

Rôle et qualités à rechercher pour chacun des joueurs.

Le **gardien de but** a pour mission de défendre l'espace compris entre les deux poteaux de but et la barre transversale qui les relie. Il peut se servir des pieds et des mains. **C'est le seul joueur de l'équipe qui ait le droit de se servir des mains.** Il doit être grand et fort, très agile, très adroit, avoir du coup d'œil, du calme et du sang-froid.

Les deux **arrières** aident le gardien de but dans la défense du but et, quelquefois, ils doublent les demis. Ils doivent être puissants, agiles et assez rapides.

Les trois **demis** soutiennent soit l'attaque, soit la défense, suivant la situation dans laquelle se trouve placée l'équipe. Ils doivent être adroits de leurs pieds, avoir du coup d'œil, du sang-froid et de l'esprit de décision. C'est sur la ligne des demis que se font les **rétablissements** de parties et d'elle que partent les **combinaisons** de jeu.

Les cinq **avants** forment la **division d'attaque**. Ils cherchent constamment à gagner du terrain en avant, en se passant le ballon de l'un à l'autre avec les pieds (dribbling). Ils s'efforcent d'envoyer le ballon dans le but ennemi, soit d'un coup de pied, soit d'un coup de tête. Ils doivent être très rapides, les **extrêmes** surtout; les **inters** doivent être les meilleurs « dribbleurs ». Le **centre** est le joueur qui mène l'attaque; sa principale fonction est de « shooter », c'est-à-dire de lancer le ballon dans le but adverse : il doit savoir le faire soit avec la tête, soit avec l'un ou l'autre pied.

La ligne d'avants doit pratiquer un jeu coordonné où la solidarité la plus absolue doit être la règle. Les cinq équipiers doivent travailler en liaison constante et chacun d'eux s'astreindre à passer le ballon à son partenaire le mieux placé, quand il est gêné dans sa progression. Enfin, chacun évitera la recherche des prouesses personnelles, qui n'aboutissent généralement qu'à compromettre une partie bien engagée.

Le **capitaine** de l'équipe est choisi parmi les onze joueurs. Il dirige ses co-équipiers, les connaît au moral comme au physique, réprime les fautes commises contre le règlement, encourage et exalte l'ardeur de chacun dans les moments critiques. Ses camarades lui doivent obéissance; en retour, il doit mériter leur confiance en déployant les qualités du véritable conducteur et entraîneur d'hommes. Sa place dans le dispositif du jeu est de préférence avant-centre ou demi-centre.

III. — LA PARTIE.

But.

La partie ou match a, en principe, une durée totale de 95 minutes, décomposée en deux mi-temps de 45 minutes séparées par un repos de 5 minutes.

Gagner un but, c'est envoyer le ballon entre les deux poteaux et sous la barre transversale du camp adverse.

L'équipe gagnante est celle qui, en fin de partie, totalise le plus de buts.

Direction du jeu.

Le jeu est dirigé par un arbitre chargé de faire respecter les règles. Il signale d'un coup de sifflet les fautes commises par les joueurs. Deux juges de touche lui sont adjoints qui sont chargés d'indiquer le camp qui doit remettre le ballon en jeu et l'endroit de la remise en jeu lorsque le ballon a franchi les limites du terrain.

Conduite du jeu.

Au début de la partie, le capitaine de chaque équipe tire, à pile ou face, le choix du camp ou du coup d'envoi, c'est-à-dire que le camp favorisé choisit **ou le camp, ou le coup d'envoi.**

La durée de la partie est fixée d'avance; elle comprend toujours deux mi-temps séparées par un repos de 5 minutes.

À la mi-temps, les camps changent de côté.

Le **coup d'envoi** se donne au centre du terrain; le ballon, posé à terre, est envoyé d'un coup de pied dans la direction du but adverse par un des joueurs du camp auquel est échu le coup d'envoi.

Le ballon est remis en jeu, chaque fois qu'il franchit la ligne de touche, par un des joueurs du camp opposé à celui qui l'a envoyé hors des limites du terrain. Ce joueur se place face au terrain de jeu, met les deux pieds sur la ligne de touche au point indiqué par le juge de touche et, saisissant le ballon avec les deux mains au-dessus de la tête, le lance à l'un de ses co-équipiers.

Lorsqu'un joueur, à la suite d'un coup malheureux, fait franchir au ballon la ligne de but de son camp, le ballon est remis en jeu par un **coup de pied de coin,** donné par un des joueurs du camp adverse. Ce joueur place le ballon dans un rayon d'un mètre du **piquet de coin** le plus rapproché de l'endroit où le ballon a franchi la ligne de but et, d'un coup de pied, l'envoie devant le but adverse.

Lorsque le ballon franchit la ligne de but, s'il a été lancé par un joueur du camp auquel n'appartient pas le but menacé, il est remis en jeu par un **coup de pied de but** donné par un des joueurs dont la ligne de but a été franchie.

Pour donner le **coup de pied de but,** le ballon est placé à 6 mètres du but, dans la moitié de la surface de but la plus rapprochée du point où le ballon a franchi la ligne.

Dans le cours de la partie, il est expressément interdit de **porter** le ballon, de le **frapper** ou de le **toucher** avec les mains ou les bras écartés du corps.

Seul le gardien de but est autorisé à faire usage des mains pour défendre son but; il peut frapper le ballon et le repousser avec n'importe quelle partie du corps, **mais il ne peut le porter à plus de deux pas.**

Il est formellement interdit à tout joueur de faire un croc-en-jambe à un adversaire, de lui donner un coup de pied, de sauter sur lui, de le tenir avec les mains ou de le pousser par derrière.

Particularité du jeu.

Les principaux coups de pied sont : le **coup d'envoi,** le **coup franc** et le **coup de pied de réparation.**

a) **Coup d'envoi.** — Le coup d'envoi est un coup de pied donné au ballon, préalablement placé sur le sol, pour l'envoyer dans la direction du camp opposé.

Chaque mi-temps commence toujours par un coup d'envoi.

Quand un but est réalisé, le ballon est remis en jeu au centre du terrain par un coup d'envoi donné par le camp qui a perdu le but.

Pendant le coup d'envoi, aucun joueur du camp adverse ne peut s'approcher à moins de 9m,15 (limite du cercle d'envoi) du ballon, avant que ce dernier ait été frappé; aucun joueur ne peut franchir la ligne médiane du terrain dans la direction du but adverse avant que le coup de pied d'envoi ne soit donné.

b) **Coup franc.** — Le coup franc est un coup de pied, analogue au coup d'envoi, destiné à pénaliser certaines fautes telles que :

1º Rentrée en touche incorrecte;
2º Hors jeu;
3º Gardien de but portant le ballon plus de deux pas;
4º Usage des mains;
5º Croc-en-jambes;
6º Charge par derrière;
7º Tenir, pousser un adversaire ou lui donner un coup de pied.

Un but ne peut être accordé quand il est fait directement par un coup franc, sauf quand le coup franc a été accordé pour l'une des fautes 4', 5º, 6º et 7º spécifiées ci-dessus.

Dans l'exécution du coup franc, aucun joueur du camp adverse ne peut s'approcher à moins de 9m,15 du ballon avant que ce dernier ait été frappé.

Le coup franc se donne à l'endroit où la faute a été commise.

c) **Coup de pied de réparation.** — Le coup de pied de réparation est accordé lorsqu'un joueur du camp adverse commet, dans sa propre surface de réparation, une des fautes suivantes :

1º Jouer le ballon avec les mains (à l'exclusion du gardien de but);
2º Faire un croc-en-jambe;
3º Charger un adversaire par derrière ou sauter sur lui;
4º Tenir, pousser un adversaire ou lui donner un coup de pied.

Pour donner le coup de réparation, le ballon est placé au point de réparation et envoyé directement d'un coup de pied vers le but adverse.

Tous les joueurs, sauf le gardien du but menacé et celui qui donne le coup de pied de réparation, sont en dehors de la surface de réparation pendant l'exécution.

IV. — HORS JEU.

Définitions.

On dit qu'un joueur est hors jeu quand il se trouve devant le ballon au moment où celui-ci est touché par un des joueurs de son équipe et que trois de ses adversaires ne sont pas plus rapprochés que lui de leur propre ligne de but.

Un joueur hors jeu ne peut ni toucher le ballon, ni toucher en aucune façon un adversaire.

Par contre, un joueur n'est pas hors jeu dans les cas suivants :

1o S'il a trois adversaires entre lui et la ligne de but adverse;

2o Si le ballon lui est envoyé directement par un adversaire;

3o S'il suit un de ses co-équipiers qui joue le ballon;

4o S'il reçoit directement le ballon à la suite d'un coup de pied de coin ou d'un coup de pied de but.

EXEMPLES DE HORS JEU ET DE NON HORS JEU.

1o Le joueur A **shoote**; le gardien de but adverse G arrête le shoot, mais le ballon glisse et c'est B, co-équipier de A, qui, ayant couru de la position B à la position B', marque. Le but est valable, car il n'y a pas hors-jeu quand on reçoit directement le ballon d'un adversaire (fig. 2).

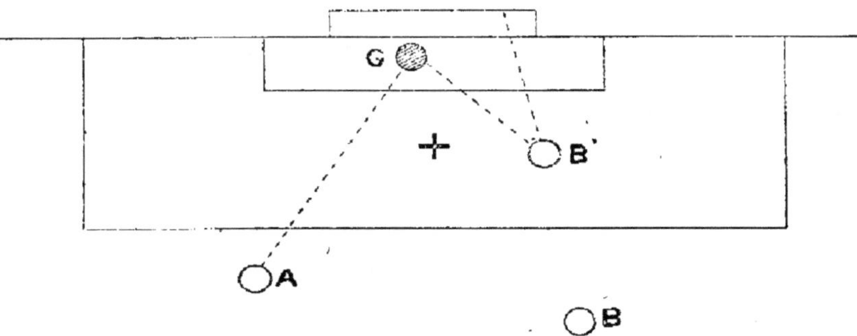

Fig. 2.

2° Le joueur **C shoote et marque** (fig. 3). Le but n'est pas accordé. En effet, au moment où C a joué, son co-équipier D, qui se trouvait en avant du ballon, n'avait pas trois adversaires entre lui et la ligne de but adverse.

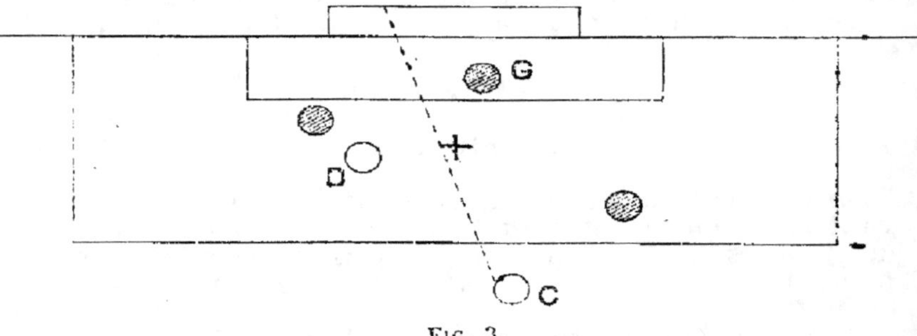

Fig. 3.

3° Le joueur E envoie le ballon en avant; le co-équipier F court de F en F' et reçoit le ballon. F n'est pas hors jeu, car au moment où E a joué, F avait trois adversaires entre lui et leur propre ligne de but (fig. 4).

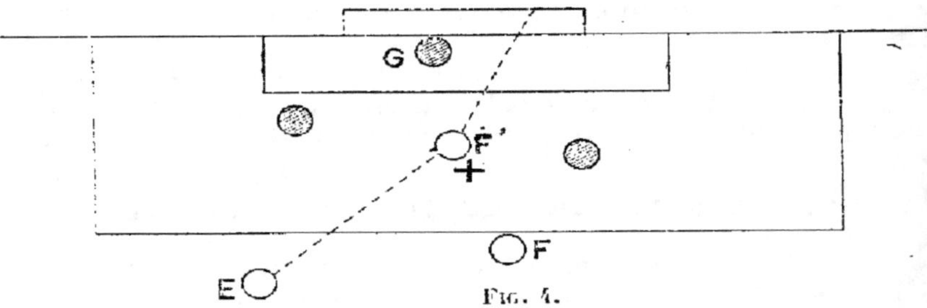

Fig. 4.

4° Le joueur H **dribble.** Sur le point d'être gêné, il se débarrasse du ballon et l'envoie en avant; son co-équipier I, qui suivait, s'empare du ballon et marque. Le but est valable, car au moment où H s'est débarrassé du ballon, I était en arrière de lui (fig. 5).

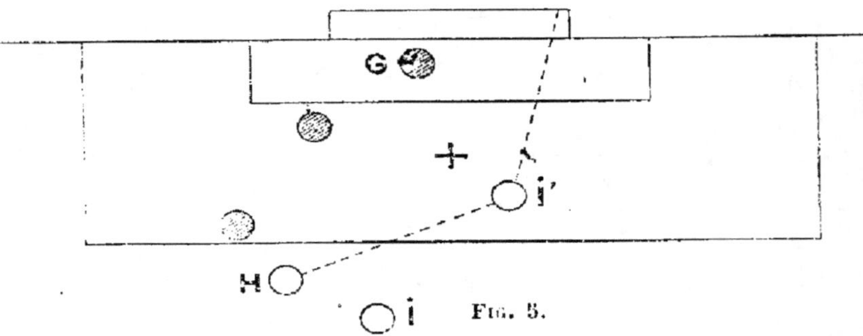

Fig. 5.

5° Le joueur **J shoote au but**, mais le ballon frappe un des poteaux et rebondit en jeu; un co-équipier K reçoit le ballon et marque. Le but n'est pas accordé. En effet, quand J a shooté, K était en avant de J et n'avait pas trois adversaires entre lui et la ligne de but adverse (fig. 6).

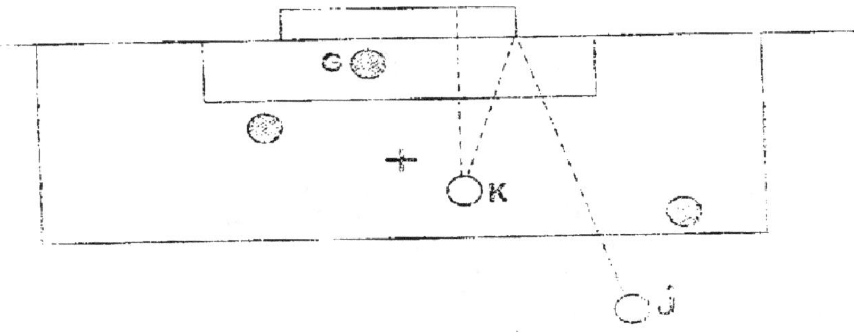

Fig. 6.

6° Le joueur L shoote au but, mais le ballon frappe la barre transversale et rebondit en jeu; le co-équipier M court de la position M à la position M' et marque. Le but est accordé, car au moment où L a shooté, M était en arrière du ballon (fig. 7).

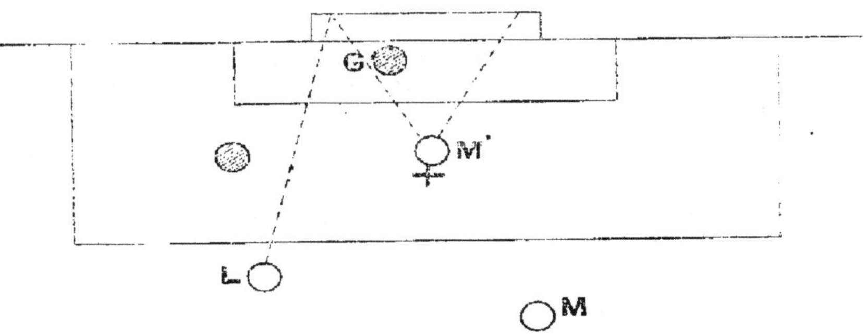

Fig. 7.

7° Sur une rentrée en touche, le joueur N passe le ballon à son co-équipier O qui shoote au but et marque. Le but est valable bien que O n'ait pas trois adversaires entre lui et la ligne de but, car au moment où N a joué,

O était en arrière du ballon par rapport à la ligne de but adverse (fig. 8).

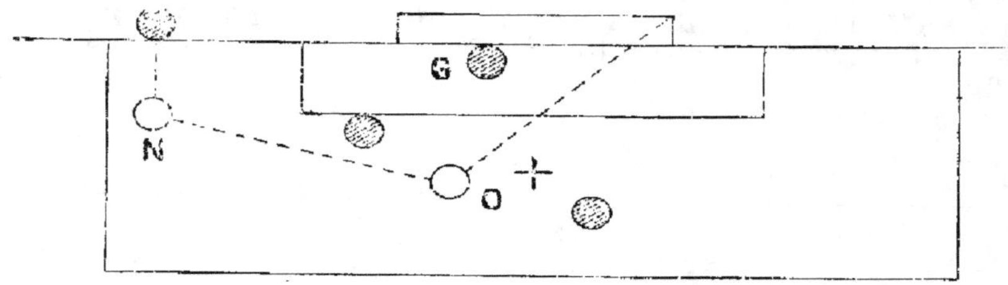

FIG. 8.

8° Sur une **rentrée en touche**, le joueur P passe le ballon à son co-équipier Q qui, de Q, est venu en Q' pour y recevoir le ballon; Q est hors jeu, car au moment où P a passé le ballon, il n'y avait pas trois adversaires entre Q et la ligne de but adverse et parce que Q était placé en avant de P (fig. 9).

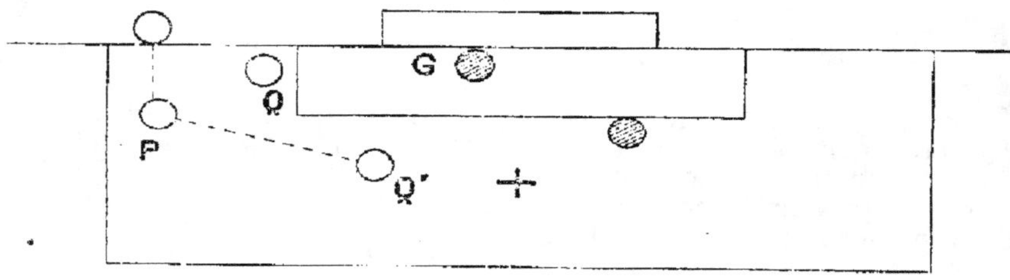

FIG 9.

9° Sur un **coup de pied de coin**, le joueur R passe le ballon à son co-équipier S qui, gêné par l'adversaire T, passe à U qui marque. Le but n'est pas accordé. En effet, le joueur U, qui a marqué, était en avant de son co-équipier S et n'avait pas trois adversaires devant lui au moment où il a reçu le ballon. Par contre, si le joueur S avait marqué directement, le but était valable, car il n'y a jamais hors jeu sur un coup de pied de coin (fig. 10).

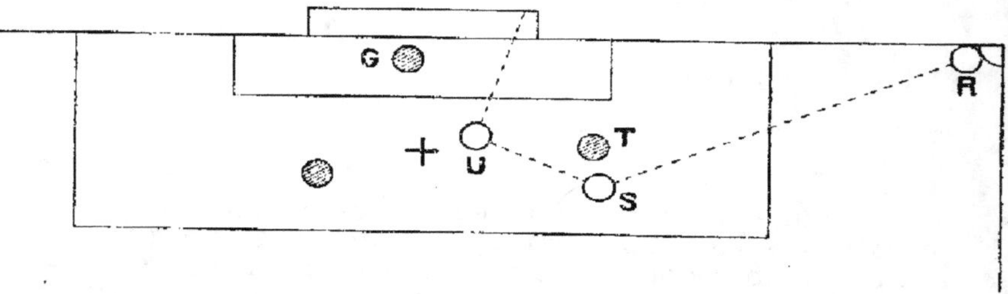

FIG. 10.

10° Sur un **coup de pied de réparation,** le joueur V shoote au but. Le ballon frappe un poteau et rebondit en jeu. Le co-équipier X court de la position X à la position X', reprend le ballon et marque. Le but est accordé, car au moment où V a donné le coup de pied de réparation, il y avait trois adversaires entre X et la ligne de but adverse (fig. 11).

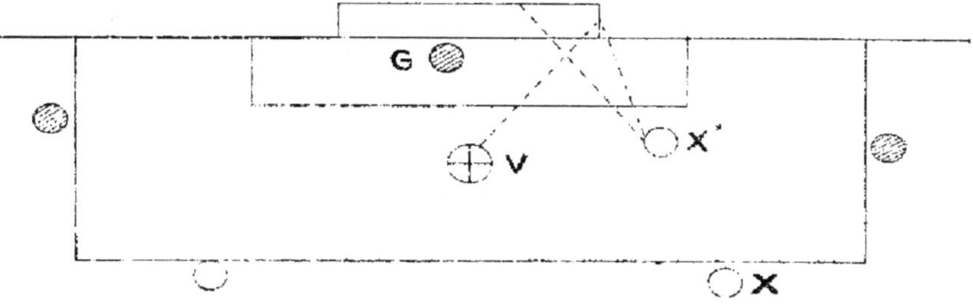

Fig. 11

11° Sur un **coup de réparation,** le joueur Y passe le ballon à son co-équipier Z qui shoote au but et marque. Le but n'est pas accordé, car au moment où Z a donné le coup de pied il était en avant de Y et n'avait pas trois adversaires entre lui et la ligne de but adverse (fig. 12).

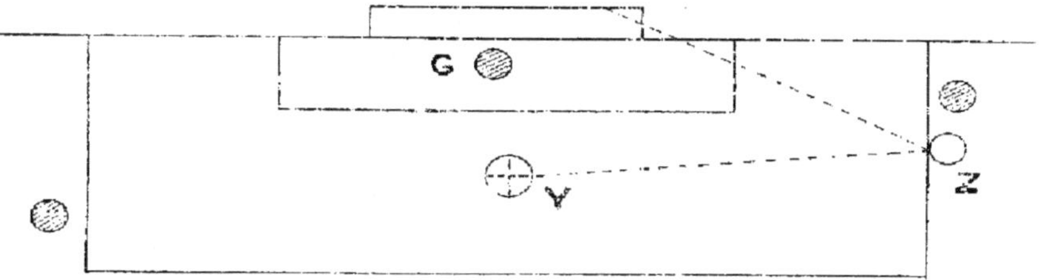

Fig. 12.

12° Sur un renvoi du ballon par le gardien de but G, le joueur W du camp adverse shoote au but et marque. Le but est accordé bien que W n'ait pas trois adversaires entre lui et le but adverse, le ballon lui ayant été envoyé directement par un joueur du camp opposé (fig. 13).

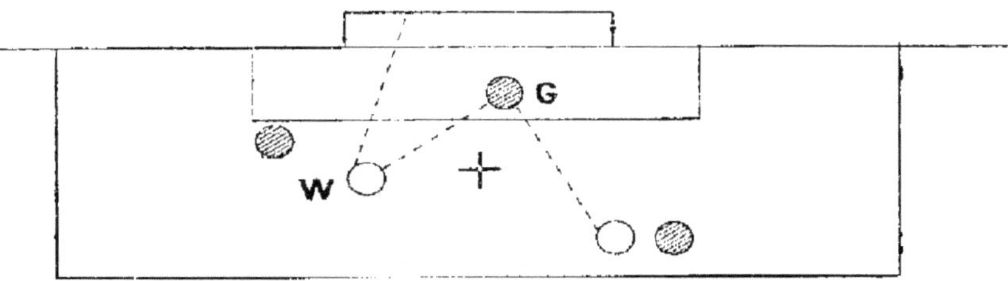

Fig. 13.

3° LE TENNIS

Le tennis est un des rares jeux de plein air qui puisse se jouer à proximité des maisons, à cause du peu d'espace qu'il demande.

Il ne demande que deux joueurs si l'on fait une partie simple.

C'est un jeu qui développe à la fois les muscles et le coup d'œil.

Le choix du terrain du jeu doit être orienté, autant que possible, du nord au sud.

La pelouse doit être soigneusement tondue et roulée, sans mauvaises herbes ni places dénudées. Il faut l'entretenir l'hiver.

On peut remplacer la pelouse par une terrasse cimentée, ou pavée en bois, ou simplement par de la terre battue.

De grands filets, ayant au moins 2 m. 50 de hauteur, seront tendus aux deux extrémités du terrain, afin que la recherche des balles égarées ne fasse pas perdre un temps précieux.

Court. — Au commencement de la saison, le court doit être marqué à la chaux.

Filet. — Au centre du terrain est placé un filet de 0 m. 91 de haut sur 12 m. 95 de long. Ce filet est tendu entre deux poteaux de même hauteur que le filet. Pour augmenter la visibilité du filet, une bande de toile blanche court le long de sa partie supérieure.

Raquettes. — Tenir toujours sa raquette à l'abri de l'humidité.

Balles. — Les balles sont en caoutchouc recouvert de drap feutré.

Souliers. — Porter toujours des souliers à semelle de caoutchouc, sans talons.

On se sert pour le jeu de tennis de nombreux termes anglais dont nous citons les plus usuels :

Server (servant) : celui qui lance la première balle au début de chaque jeu ou passe.

Striker (relanceur) : celui qui renvoie la balle de service.

Fore hand (coup droit ou d'avant-main) : se donne quand on frappe la balle à sa droite.

Back hand (coup d'arrière ou de revers) : se donne quand on frappe la balle à sa gauche.

Volley (volée) : renvoi de la balle avant qu'elle touche le sol.

Half-volley (demi-volée) : reprise de la balle de suite après qu'elle a touché le sol.

Drive (drive) : action de frapper la balle presque horizontalement à une longue distance de son point de contact.

Lob (chandelle ou lob) : envoi de la balle en hauteur.

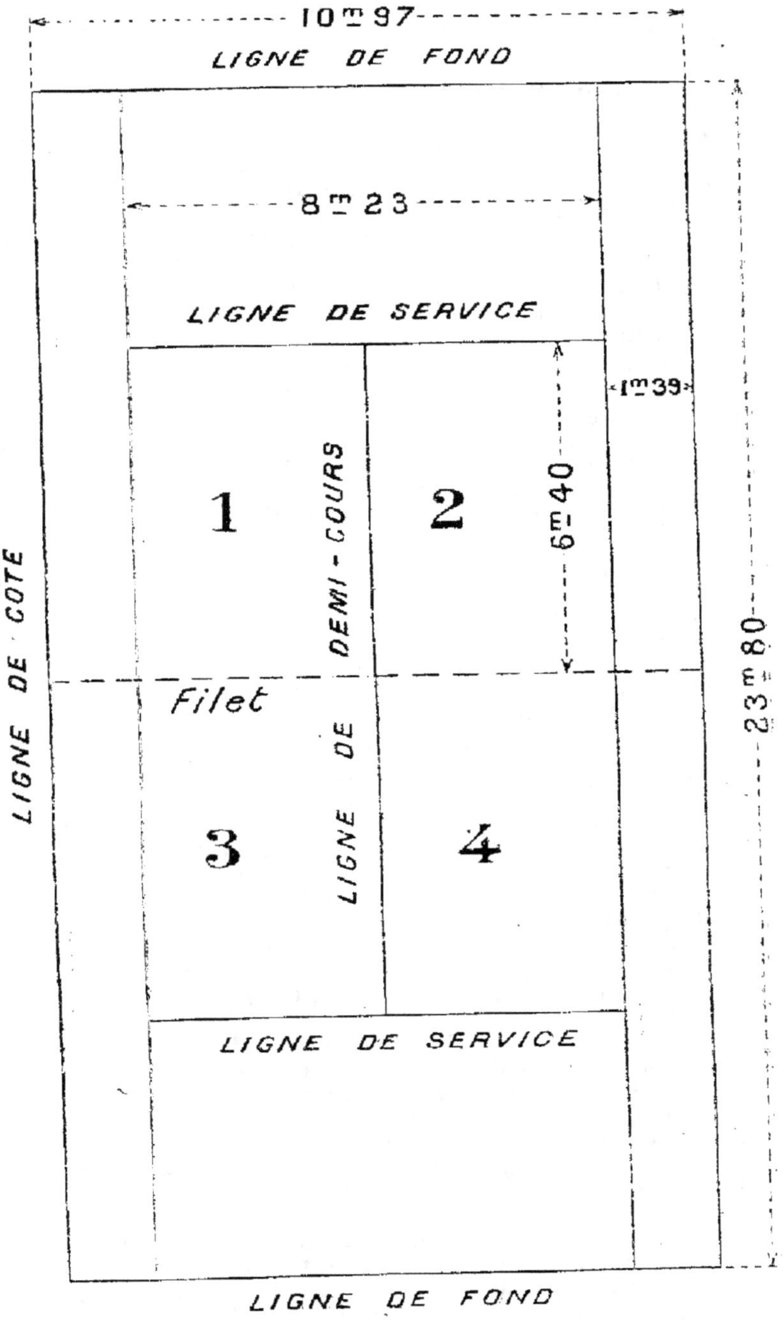

Plan du jeu de tennis.

Smash (balle écrasée ou smash) : rabattre violemment la
balle à terre.

Conseils utiles pour le jeu du tennis.

Comment tenir sa raquette. — La position de la main
sur la poignée dépend de la force du poignet ; il est préférable de la tenir à son extrémité, cela permet d'atteindre la balle de plus loin. Tenir la raquette très ferme.
Pour le coup de revers, quelques joueurs allongent le pouce
sur la poignée. Pour reposer les muscles, ne pas serrer
autant la raquette quand on ne joue pas.

On doit frapper la balle en y mettant tout son poids, mais
non la pousser.

Service. — Les pieds du servant doivent être en arrière
de la ligne de fond et l'un d'eux au moins doit toucher le
sol, car il est défendu de sauter en donnant un coup de
raquette. Ses yeux doivent fixer la balle et non le filet ou le
court. Rejeter la balle légèrement derrière l'oreille droite
et frapper avec le centre de la raquette, en utilisant toute
la longueur du bras et mettant le poids du corps dans le
coup.

Relanceur. — Placer le corps de côté par rapport à la trajectoire de la balle. Attendre que la balle soit à sa hauteur avant de la frapper. Faire un pas en avant en la frappant, mais ne pas la frapper en courant. Frapper la balle
dans le haut de la trajectoire, non dans le bas.

Les coups de revers sont plus difficiles à donner. Attendre que la balle touche presque le corps avant de la frapper.

La volée. — La volée est un coup qui doit se faire, dans
n'importe quelle position, entre la ligne de service et le
filet.

Tenir ferme sa raquette. Pencher légèrement sa raquette
en arrière pour relancer une balle tombant de haut.

Frapper la balle avant qu'elle atteigne la raquette et,
dans aucun cas, ne se servir de sa raquette comme d'une
surface immobile d'où la balle doit rebondir.

Si l'on veut que la balle retombe de l'autre côté du
filet tenir légèrement sa raquette.

S'exercer souvent si l'on veut réussir les volées de
revers.

Bien regarder la balle pour le *smash*.

Préférer un *smash* droit à un coup de revers et renvoyer
la balle sur la gauche de son adversaire.

Le *lob*, ou coup en chandelle, est indispensable pour
aider à reprendre une meilleure position ou pour placer
son adversaire dans une plus mauvaise. Une balle lobée
doit être envoyée d'auprès de la ligne de base juste assez
haut pour passer au dessus de la raquette.

Si elle passe trop haut, elle donnera à l'adversaire le
temps de l'atteindre. Le *lob* peut être dangereux dans ce
dernier cas, surtout s'il est mal placé, pour peu que l'adversaire sache *smasher* (écraser la balle).

4° LE POLO

Ce jeu du *polo* est un sport très captivant, mais de luxe.

Il y faut des chevaux spéciaux, d'immenses pelouses et, d'autre part, le joueur doit être excellent cavalier.

Nous n'en ferons qu'une simple description :

Le *polo* se joue sur un terrain gazonné et uni de 300 mètres de long sur 100 mètres de large. Ce terrain est entouré d'un léger renflement gazonné et de planches qui jouent le rôle de bandes de billard.

Les poteaux des buts, placés à 7 m. 20 de distance, sont en carton, de façon à pouvoir céder si un cavalier vient se jeter dessus. Des lignes sont tracées sur le sol, parallèlement aux buts, à 30 et à 60 mètres de distance.

La balle est en bois et a environ 5 centimètres de diamètre.

Les cavaliers de chaque équipe, au nombre de quatre, sont montés sur de petits poneys spécialement dressés pour ce jeu ; ils sont armés de longs maillets à la tête légèrement recourbée et dont le manche a environ 1 m. 30 de long. Ils se placent sur deux lignes opposées ; l'arbitre lance la balle au milieu des joueurs qui s'efforcent de l'envoyer dans le but de l'adversaire.

Chaque cavalier marque son adversaire et n'a pas à conserver sa place aussi strictement qu'on le fait, par exemple, au football.

Le jeu dure une heure, divisée en six périodes de dix minutes, avec trois minutes de repos entre les reprises, le repos de la mi-temps dure cinq minutes.

On peut jouer au polo avec des bicyclettes et même des automobiles.

IIᵉ PARTIE

Ce qu'il faut savoir dès l'école.

(Série de 11 Conférences.)

L'ORIENTATION

Le premier soin d'un petit oiseau qui quitte son nid pour essayer ses jeunes ailes est de chercher à le reconnaître pour y revenir. C'est aussi la première préoccupation des jeunes enfants qui veulent vivre la vie du grand air : il leur faut apprendre à *s'orienter*.

Pour cela, il leur suffit de connaître la direction du nord.

A. — Orientation de jour.

DES DIVERS MOYENS D'ORIENTATION.

1° *Au moyen du soleil.* — A l'aide d'un bâton vertical, dont l'ombre portée atteint son minimum à midi (heure où le soleil est le plus haut); ou bien, prendre avant et après midi les ombres projetées quand elles sont *égales* et la bissectrice de l'angle formé donne la *méridienne*.

2° *Au moyen de la boussole.* — La construction de cet instrument repose sur la propriété que possède une aiguille aimantée mobile dans un plan horizontal, de prendre spontanément la direction nord-sud ou à peu près, en dirigeant toujours la même pointe vers le même pôle, sous l'influence du magnétisme terrestre. La pointe de l'aiguille qui se trouve ordinairement vers le nord est laissée bleue pour la distinguer de l'autre.

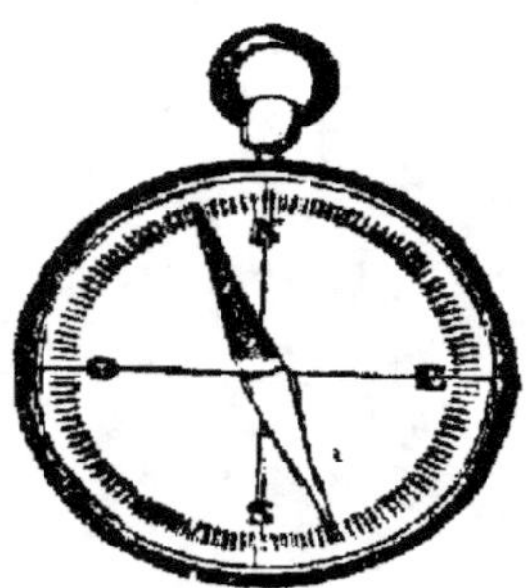

Boussole de déclinaison.

Lorsqu'on veut faire usage de la boussole, on place le cadran dans un plan à peu près horizontal et l'on attend que l'aiguille, après quelques oscillations, ait pris sa position définitive. Le plan qui passe par l'axe de l'aiguille et par la verticale du lieu porte le nom de **méridien magnétique**. Il ne coïncide généralement pas avec le plan du méridien géographique. L'angle de ces deux plans, qui n'est autre que celui de la méridienne et de l'axe de l'aiguille, s'appelle la **déclinaison**.

La déclinaison est d'environ 18° à l'ouest dans nos régions ; dans la recherche des points cardinaux, au moyen de la boussole, il faudra, par conséquent, tenir compte de cet écart et placer le nord à 18° à l'est de la direction indiquée par l'aiguille.

3° *A l'aide d'une montre bien réglée.* — Chaque division (heure) du limbe de la montre correspond au mouvement angulaire du soleil pendant deux heures, puisque le soleil fait deux fois le tour de la montre en vingt-quatre heures.

A 10 heures, par exemple, il suffira de diriger le diamètre passant par 11 heures vers le soleil (1), et le diamètre passant par midi donne la *méridienne*.

Dans tous les cas, on dirigera toujours sur le soleil le diamètre de la montre passant par $\dfrac{x + 12}{2}$ heure, x étant l'heure réelle de la montre, et le diamètre passant par midi donnera toujours la *méridienne*.

A 6 heures du matin, le soleil est à *l'est ;* à 9 heures, au *sud-est ;* à midi, au *sud ;* à 15 heures, au *sud-ouest ;* à 18 heures, à *l'ouest.*

4° On peut ajouter quelques données courantes :

Dans nos régions, les murs, les rochers, les arbres, les bornes sont plus humides ou plus garnis de mousse du côté nord-ouest (côté habituel de la pluie et du vent). Les vieux poteaux, les croix funéraires s'inclinent vers le sud-est.

Les anciennes églises ont généralement l'autel à l'est.

B. — Orientation de nuit.

1° *Au moyen de l'étoile polaire.* — L'étoile polaire donne la direction du nord.

La Polaire est la dernière étoile et la plus brillante d'une constellation qu'on nomme la *petite Ourse* ou le *petit Chariot*. Mais on la retrouve plus facilement en se servant d'une autre constellation appelée la *grande Ourse* ou le *grand Chariot*, également composée de sept étoiles, et qui forme à peu près dans le ciel la même figure que la première, mais en sens inverse.

Si l'on prolonge de cinq fois AB, les roues de derrière du grand Chariot, on tombe sur une étoile de moyenne grandeur, qui est la Polaire.

---

(1) On reconnaît que la petite aiguille est bien dans la direction du soleil lorsqu'*elle couvre exactement son ombre.* Si cette condition n'est pas remplie, on peut commettre des erreurs importantes.

2° *Au moyen de la lune*. — La lune se lève comme le soleil, à l'est, et se couche à l'ouest. Elle passe au méridien à midi, à l'époque de la nouvelle lune; à 18 heures, à l'époque du premier quartier; à minuit, à l'époque de la pleine lune; enfin, à 6 heures du matin, à l'époque du dernier quartier.

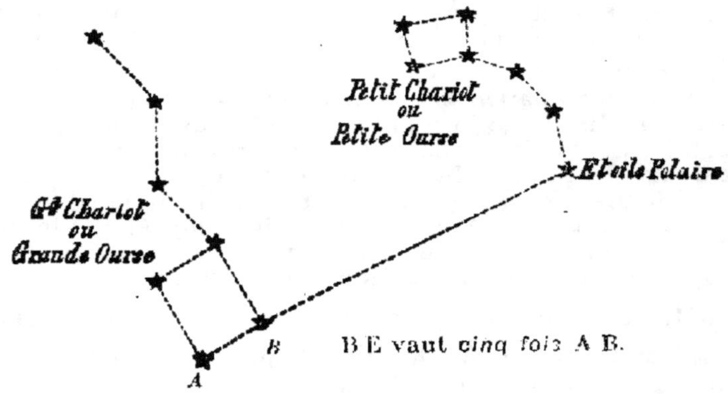

Se renseigner sur un calendrier où en est la période de la lunaison.

Lecture de la carte.

Nous n'insisterons pas sur les *cartes Taride*, qu'on appelle encore *cartes cyclistes*; elles sont très utiles pour tracer l'itinéraire d'une course à bicyclette. Leur lecture est si simple qu'on n'a pas besoin d'en expliquer l'usage.

Nous dirons peu de chose de la *carte du ministère de l'intérieur* à l'échelle du 1/100.000° (1 centimètre égale 1 kilomètre), qui est de bon emploi pour une excursion. Sa lecture est peu compliquée, grâce aux différentes teintes, à l'échelle et à l'absence de hachures.

Sur cette carte, le relief du sol est représenté par une teinte bistre; les cours d'eau sont dessinés en bleu; les forêts, en vert; les routes, en rouge; les sentiers, les chemins de fer, les habitations et les limites administratives, en noir. Mais, à cause même de ses dimensions restreintes et de l'absence de courbes de niveau, elle ne nous donne, dans certains cas, que des renseignements approximatifs.

Aussi est-il absolument nécessaire de pouvoir lire couramment la *carte de l'état-major* au 1/80.000° (1^{cm},25 égale 1 kilomètre), qui est, de toutes les cartes, la plus complète.

a) SIGNES CONVENTIONNELS.

La lecture de la carte d'état-major repose sur la connaissance complète des *signes conventionnels* qui ont été adoptés pour la représentation des différents objets du sol ; ces signes sont l'alphabet de *cette lecture* Ces signes, qui sont reproduits en dehors du cadre de la feuille au 1/80.000°, sont indiqués dans le tableau suivant :

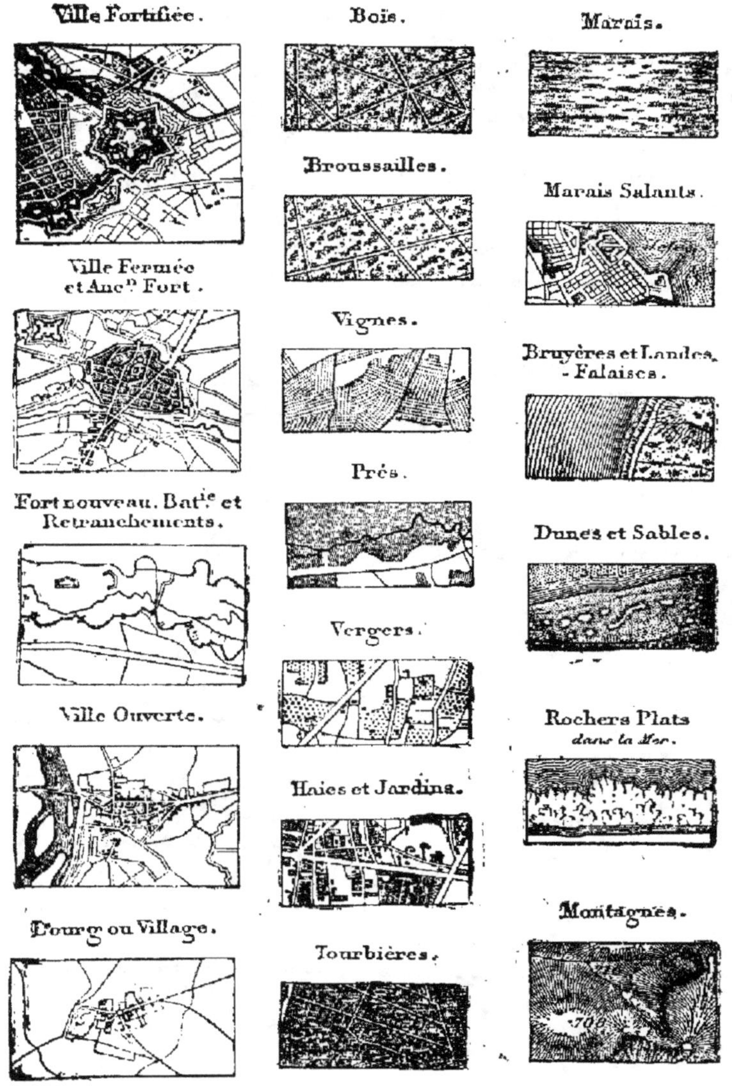

Chemins de Fer.

Gares   *St.on*   *H.o 4.e*

Escarpements:
Déblai   Remblai

Tunnel, Viaduc, Ponceau

Passages:
en dessus, en dessous, à niveau

Ch.in de fer à voie étroite
et Tramway à vapeur

Routes.

Route Nationale.

Route Départementale

Route
encaissée, en chaussée.

Ch.in carrossable en tout temps.
(régulièrement entretenu.)

Ch.in non carrossable en tout temps.
(irrégulièrement entretenu.)

Chemin en sol naturel
et Chemin muletier.

Sentier pour piétons.

Laie forestière.

Vestiges d'ancienne Voie.

Clôtures.

Clôtures en pierre.

Clôtures en fossés

Clôtures en levée de terre.

Clôtures en haie.

Rangée d'arbres isolés.

Hydrographie.

Fleuve ou Rivière importante.

Rivière, moins de 10 mètres.

Ruisseau, à sec en été.

Cascade.   Cadce

Grand Canal navigable.

Canal navigable.

Tunnel   P.   Gare   P.

Canal d'irrigation.

Aqueduc.
à ciel ouvert.   souterrain.

Fossé.   Digue.

Système
de Canaux et Digues.

Pont fixe, tournant, etc. Pont de Bateaux
P. de Bat.

Bac   Bac

Barrage   B.ge

Gué   Gué

Lac   Étang

Mare, Réservoir, Citerne.

Signes Administratifs.

Limite d'État.

Limite de Département.

Limite d'Arrondissement.

Limite de Canton.

Limite de Commune.

PRÉFECTURE [PF]

SOUS-PRÉFECT. [SP]

CANTON [CT]

Commune O

b) QUESTIONNAIRE SIMPLE POUR FACILITER LA LECTURE
D'UNE CARTE D'ÉTAT-MAJOR AU 1/80.000°.

1° *Que veut dire l'expression : carte à l'échelle de 1/80.000°?*

Cela veut dire qu'une certaine longueur prise sur le
terrain est représentée sur la carte par une longueur
80.000 fois plus petite. Ainsi : 1.000 mètres sont représentés sur la carte par une longueur de 1.000 mètres : 80.000,
soit 0ᵐ,125, ou 12ᵐᵐ,5. — Réciproquement, une certaine
longueur prise sur la carte représente une longueur
réelle 80.000 fois plus grande; et, par exemple, 1 centimètre, sur la carte, représente une longueur de 800 mètres
sur le terrain.

2° *Comment sont représentés les routes et chemins sur la
carte?*

Les routes nationales par deux traits parallèles : un
trait gros et un trait fin. Les chemins carrossables ayant
plus de 6 mètres, par deux traits fins parallèles. Les chemins ayant moins de 6 mètres, ou dont la viabilité n'est
pas certaine, par deux traits parallèles : un trait fin et
un trait interrompu.
Les chemins d'exploitation par un seul trait fin.
Enfin, les sentiers, par un seul trait interrompu.

3° *Comment sont représentées les voies ferrées?*

Les voies ferrées sont représentées par un gros trait;
les stations sont indiquées par un petit rectangle noir
contigu au trait. Lorsque le trait plein est remplacé par
un trait interrompu, c'est que la voie passe en tunnel.
Lorsque le gros trait est bordé de deux petits traits fins
parallèles, c'est que la voie passe sur un viaduc; les deux
petits traits fins représentent alors les deux bords du viaduc.

4° *Comment sont indiqués les différents passages d'une
route à la rencontre d'une voie ferrée?*

Lorsque les traits représentant la route croisent le trait
indiquant la voie ferrée sans qu'il y ait interruption de
part et d'autre, c'est que la route passe au niveau de la
voie ferrée; c'est un passage *à niveau*.
Lorsque le trait indiquant la voie ferrée est interrompu
sous la route, c'est que la route passe au-dessus de la voie
ferrée; c'est un passage *en dessus*, et les deux petits traits
parallèles à la route et qui la bordent au point de rencontre
figurent les deux bords du pont sur lequel passe la route.
Enfin, lorsque les traits indiquant la route sont interrompus à la rencontre de la voie ferrée, c'est que la
route passe au-dessous de la voie ferrée; c'est un passage *en dessous* et les deux petits traits parallèles à la
voie ferrée et qui la bordent au point de rencontre figurent les deux bords du pont sur lequel passe la voie.

5º Comment sont représentés les cours d'eau ?

Les ruisseaux par un simple trait.

Les cours d'eau dont la largeur peut être représentée à l'échelle de la carte par deux traits bordés de hachures légères parallèles et figurant les filets d'eau.

Lorsque les cours d'eau passent sous un pont, ils sont interrompus à la traversée de ce pont.

6º Comment sont représentés les canaux ?

Par un gros trait bordé de deux traits fins.

7º Comment sont indiquées les principales espèces de végétations ou de cultures ?

Les bois par un feuillé.

Les prés par une teinte grise légère constituée par un semis de petits points très rapprochés.

Les vignes par une teinte légère obtenue par un enchevêtrement de petites lignes pointillées (supposées représenter les files de ceps de vignes).

Les vergers par un certain nombre de lignes pointillées, un peu espacées (figurant les lignes d'arbres).

8º Quels sont les autres signes principaux que l'on trouve sur la carte ?

Les églises sont indiquées par un petit cercle.

Les maisons isolées par un petit rectangle noir.

Les moulins à vent par un rond auquel sont adjointes deux ailes.

Les moulins à eau par une petite roue dentée et un petit trait contigu (indiquant la chute d'eau).

Les clochers ayant servi de point trigonométrique pour l'établissement de la carte, par un rond et un point au milieu.

Les points trigonométriques par un triangle avec un point au milieu.

Les croix que l'on trouve souvent aux carrefours sont représentées par une petite croix.

Les cimetières sont figurés par un petit rectangle (représentant les murs) et des croix au milieu.

9º Comment est représenté le relief du terrain ?

Le terrain est figuré au moyen de hachures ; la direction des hachures indique la direction de la pente.

De distance en distance, des cotes placées sur les points élevés ou dans les fonds indiquent le niveau du sol au-dessus du niveau de la mer.

c) MÉRIDIEN, ÉQUATEUR, LATITUDE, LONGITUDE.

1º Méridien. — On appelle *méridien* tout grand cercle qui passe par les deux *pôles* de la terre et divise ainsi le globe terrestre en deux hémisphères. Il est *midi* (méridien veut dire midi) en même temps dans tous les lieux d'un même méridien. Le nombre des méridiens est infini.

2° *Equateur*. — On appelle *équateur* le grand cercle du globe terrestre qui le divise en deux hémisphères, et dont tous les points sont à égale distance des *pôles*.

3° *Latitude*. — C'est la distance d'un lieu à l'équateur de la terre. La latitude d'un lieu est mesurée par l'arc du méridien du lieu compris entre le lieu et l'équateur. On la compte de 0° à 90°, à partir de l'équateur ; elle est *boréale* ou *australe*, suivant que le lieu est dans l'hémisphère nord ou dans l'hémisphère sud.

4° *Longitude*. — Distance d'un lieu à un méridien convenu, appelé « *premier méridien* » ou « *méridien d'origine* »

5° *Parallèles de latitude*. — On appelle ainsi tous les cercles parallèles à l'équateur. Tous les points de même latitude sont compris sur un même parallèle. Le nombre des parallèles est infini.

6° *Déterminer la position d'un lieu quelconque sur la surface de la terre*. — La connaissance de la longitude et de la latitude d'un lieu permet de déterminer la position d'un lieu quelconque sur la surface de la terre. La *longitude* étant l'angle que fait le *méridien du lieu* avec un méridien *fixe* (celui de Paris pour les Français), il en résulte que tous les points d'un même méridien ont la même longitude ; elle est comptée de 0° à 180° Est ou Ouest, suivant que le lieu est à l'est ou à l'ouest du méridien origine (celui de Paris pour nous). Pour déterminer la longitude du lieu, on multiplie par 15 (360° *divisé par 24 heures donne* 15) le temps qui s'écoule entre le passage d'une étoile ou du soleil au *méridien du lieu* et celui de leur passage au méridien origine (de Paris pour nous) ; si le temps est exprimé en heures, minutes et secondes, le produit exprimera des degrés, minutes et secondes d'arc. On peut inversement trouver l'heure qu'il est à Nancy, par exemple, quand c'est midi à Paris. En mer, on utilise des chronomètres réglés sur l'heure au *méridien origine :* on observe l'heure du passage de l'étoile ou du soleil au méridien du lieu et des tables donnent l'heure du passage au méridien origine.

Pour déterminer la *latitude*, on emploie, soit l'observation de la hauteur du soleil à son passage au méridien, soit l'observation de l'étoile polaire, etc., etc.

Le « *sextant* » sert aux marins à faire cette détermination d'un lieu, qu'on nomme « *faire le point* ».

7° *Méridien d'origine adopté*. — Presque universellement on adoptait le méridien de l'observatoire de Greenwich (Angleterre). Alors la longitude de Paris, par rapport à ce méridien origine, était de 2° 20' 13", 5.

Loi du 15 février 1911, dite loi Boudenoot, portant modification de l'heure légale française.

En France, toutefois, on avait comme méridien origine celui de Paris, ce qui donnait pour longitude à Paris 0". Le 15 février 1911, une loi adoptée par le Parlement français a décidé que le méridien de Londres serait définitivement adopté comme méridien origine.

La circonférence du globe terrestre comprend 360 degrés de longitude que le soleil parcourt en 24 heures. On a partagé cette circonférence en 24 fuseaux horaires, compris chacun entre deux méridiens distants de 15 degrés de longitude.

Le soleil met donc juste une heure à passer de l'un à l'autre méridien, à parcourir un fuseau.

On admet simplement que, dans ce fuseau horaire, l'heure est la même partout.

Elle avance d'une heure sur celle du fuseau voisin de l'ouest, et elle retarde d'une heure sur celle du fuseau voisin de l'est.

C'est ainsi que l'Europe comprend trois fuseaux, et par suite trois heures normales : celle de l'Europe occidentale, à laquelle se rattachent l'Angleterre, l'Espagne, la Belgique et la France. Puis celle de l'Europe centrale et celle de l'Europe orientale.

D'après la nouvelle loi, on n'a plus les vingt à trente « heures diverses » que l'on comptait en Europe et qui faisaient qu'un voyageur allant de Paris à Constantinople, par exemple, était obligé, avec l'ancien système, de changer l'heure de sa montre une quinzaine de fois.

La France appartenant au fuseau horaire dans lequel sont comprises l'Angleterre, la Belgique, la Hollande et l'Espagne, son heure légale actuelle sera obtenue une fois pour toutes en retardant l'heure légale ancienne de neuf minutes vingt et une secondes.

Ainsi, l'heure de Paris, et, partant, celle de toutes les villes de France, est maintenant la même que celle de

Bruxelles, de La Haye, de Madrid et de Londres; il y a une heure exactement de différence entre l'heure de Paris et celle de Berlin; deux heures entre l'heure de Paris et celle de Constantinople.

Les calculs, pour tout le monde, sont donc ainsi facilités, grâce à la loi Boudenoot (du nom du sénateur).

2ᵉ Conférence.

LA MARCHE

Considérations sur la marche.

Le Français est bien connu comme bon marcheur; Napoléon Iᵉʳ prétendait qu'il avait gagné plus de batailles avec les jambes de ses soldats qu'avec leurs fusils; aussi nos jeunes élèves soldats, dignes descendants de leurs aïeux, n'auront aucune peine à accomplir cette épreuve du programme : *une marche de 20 kilomètres.*

Donnons quelques conseils à nos jeunes amis.

Ils devront marcher correctement, la *tête haute*, la *poitrine en avant*, les *jambes non fléchies.*

Il faut aussi *profiter du balancement des bras,* ceux-ci repliés sur l'avant-bras, les *coudes au corps.*

Les jeunes candidats feront bien pour leur entraînement de se procurer des brodequins *réglementaires* qu'ils pourront garder au régiment; ces chaussures devront être graissées spécialement avec l'huile de pied de bœuf ou du dégras spécial. Il sera préférable de prendre des *chaussettes de laine sans couture, tricotées à la main.*

Il faut s'entretenir et se soigner les pieds.

A la fin de la marche se laver les pieds avec un linge humide sans les faire tremper; graisser les parties sensibles avec du suif ordinaire ou un mélange de savon et d'eau-de-vie.

S'il est besoin, laver les écorchures, les graisser et les protéger avec un linge bien propre; éviter avec soin que le linge fasse des plis dans le soulier.

Si l'on a des ampoules, se laver d'abord les mains qui vont soigner le pied malade. Traverser l'ampoule avec un fil graissé ou trempé dans l'eau bouillante; la presser légèrement pour en faire sortir l'eau et graisser en laissant le fil en place.

Préserver l'ampoule en la recouvrant d'un linge propre.

Les ongles des pieds ne doivent être ni trop longs ni trop courts; ils doivent être coupés carrément, c'est-à-dire sans arrondir les coins.

Si *un ongle commence à s'incarner,* gratter avec un couteau ou un morceau de verre, le dessus de l'ongle de manière à l'amincir; de cette façon, les bords de l'ongle se relèvent et n'entrent plus dans la chair.

*Si une partie quelconque du pied est pressée dou-
loureusement par la chaussure,* il faut graisser fortement la partie touchée ainsi que la partie de la chaussure qui frotte.

Dans tous les cas, il faut tenir les pieds très propres;
la **propreté**, l'antique **propreté**, est le meilleur des re-
mèdes.

× ×

Rien ne vaut, pour le maintien de la santé, une bonne
cure de marche.

Pour les jarrets souples et nerveux de nos « Enfants de
France », la marche est parfaite.

C'est grâce à l'aptitude à la marche que vous, petits
garçons et jeunes fillettes de France, pourrez goûter les
charmes des sentiers ombreux, des sous-bois où rougis-
sent les fraises, des sentes frangées de lavandes et des
cimes des montagnes et collines si belles, bien que trop
méconnues, de notre admirable pays.

Mieux que la bicyclette, mieux que la motocyclette et
que l'auto, la marche nous apprend à bien connaître nos
ravins, nos grottes et nos pics les plus élancés.

Ajoutons qu'il ne faut jamais marcher en égoïste; il faut
songer à ceux dont les jambes sont moins longues que
les nôtres; on doit mettre toujours les petits devant et
marcher à leur pas.

Enfin, l'esprit joyeux, l'entrain et la gaieté sont de merveilleux entraîneurs.

Une marche sans rires et sans refrains, des enfants en
promenade sans chansons, seraient — choses bien en-
nuyeuses — tout un régiment sans musique.

Nous reproduisons, pour développer cette conférence
destinée à nos jeunes lecteurs et lectrices, et bien que
les termes des textes que nous citons semblent s'adres-
ser plutôt à leurs aînés, soldats de France, les passages
suivants d'un de nos précédents ouvrages (1) où nous
avons traité ce même sujet de « la marche ».

RÈGLES POUR LA MARCHE.

1. La marche est par excellence le sport du fantassin.
L'aptitude à la marche se développe beaucoup plus par
la pratique de la marche que par des procédés pédago-
giques.
Le mouvement de la marche ne doit jamais être exécuté en décomposant.
Les différents pas sont enseignés conformément aux
prescriptions du Règlement de Manœuvres.

---

(1) *L'Élève soldat* (LAVAUZELLE et Cie, éditeurs, Paris).

2. Entraînement à la marche. — L'entraînement à la marche doit être lent, progressif et continu; il s'obtient moins par des marches hebdomadaires que par des **marches modérées, répétées journellement.**

La marche est naturelle et instinctive, mais chaque individu marche d'une manière différente. Il est difficile, sinon impossible, de transformer la marche d'un homme, mais on apprend à éviter les mouvements inutiles (oscillations exagérées des bras ou des hanches, etc.).

Le rythme naturel de chacun ne doit pas être dépassé et le rythme uniforme (pas cadencé) ne doit pas être maintenu trop longtemps.

Le travail et le repos, même dans les manœuvres, doivent être régulièrement alternés.

Lorsqu'il est nécessaire d'augmenter la vitesse de la marche, **ce qui doit être tout à fait exceptionnel,** ce résultat est obtenu par l'allongement du pas et non par son accélération.

3. Une marche d'allure trop précipitée provoque **l'essoufflement** qui arrête l'homme bien avant qu'il soit fatigué.

L'essoufflement est caractérisé par des battements de cœur précipités et une respiration haletante avec gêne des mouvements respiratoires. Il est dangereux s'il est exagéré et trop fréquemment répété.

Il est retardé par une bonne éducation respiratoire.

Les hommes prédisposés à un essoufflement rapide ou à des battements précipités du cœur sont signalés tout particulièrement à l'attention du médecin.

4. Suivant l'état physique et le degré d'entraînement de chacun, la marche peut produire différents degrés de fatigue :

La **lassitude** qui doit disparaître après un repas pris de bon appétit et une nuit de sommeil. Cette fatigue légère est bienfaisante; elle ne peut par suite être proscrite, mais elle ne doit jamais être dépassée.

La **courbature locale** qui se manifeste par une douleur assez vive dans les muscles des membres inférieurs et des reins. En général, 48 heures de repos suffisent pour la dissiper; mais la courbature locale peut toutefois être prononcée au point d'amener l'indisponibilité.

La **fatigue générale prononcée** avec perte d'appétit, soif exagérée, manque de sommeil et fièvre. Cette fatigue générale réclame un repos plus long et des soins particuliers.

Le **surmenage,** véritable empoisonnement de l'individu qui, épuisé et amaigri, est en état de réceptivité pour toutes les maladies.

5. Le degré d'entraînement de chaque homme doit être connu, et on doit s'efforcer de constater à tout moment si le degré utile de fatigue est dépassé.

La pâleur ou la rougeur exagérée du visage, la transpiration anormale, le manque d'entrain, la démarche traînante, les vertiges, les battements exagérés du cœur, l'accélération de la respiration, etc., sont autant d'indices qui peuvent éveiller l'attention. On ne doit pas négliger de tenir compte des conditions du moment (état atmosphérique, chargement, nourriture, allongement de la colonne, état sanitaire général, etc.) et tous les hommes qui paraissent fatigués doivent, en principe, être **interrogés**.

6. Un accident provoqué par la marche et particulièrement grave est le **coup de chaleur**. On l'observe surtout par les temps de chaleur humide et si l'air est stagnant (chemins creux, rangs serrés, arrivée au cantonnement ou sous la tente après une étape pénible). Le coup de chaleur atteint plus particulièrement les alcooliques chez qui il peut déterminer la mort. Il débute par un manque d'entrain, une démarche titubante, de la somnolence, une rougeur ou une pâleur exagérée du visage avec transpiration excessive, des vertiges, la respiration haletante et bruyante, le cœur affolé.

Dès l'observation des premiers symptômes, faire sortir l'homme du rang, l'allonger à l'ombre en le débarrassant de tout ce qui peut gêner sa respiration, lui asperger le visage d'eau fraîche, lui faire boire du café sucré.

7. Certains sujets particuliers dont le cœur est en excellent état, la capacité respiratoire développée, les muscles des membres inférieurs particulièrement puissants, peuvent être groupés en une classe spéciale et faire de la **marche sportive**.

Ces marcheurs d'élite sont exercés à exécuter des **marches de vitesse** et des **marches de fond** qui les rendent susceptibles de remplir en campagne des missions particulières, telles que porter des renseignements, établir des liaisons, etc.

COURSES

8. La course est le moyen le plus puissant de développer la respiration; elle accroît en même temps la résistance de l'organisme et habitue le soldat aux efforts violents que peut réclamer le service de guerre. Elle agit donc à la fois d'une façon très intensive sur les poumons, le cœur, les muscles des jambes et sur le système nerveux.

Tous les effets bienfaisants qu'on est en droit d'attendre de la pratique de la course sont annihilés si l'exercice est mal dirigé, la vitesse trop considérable ou l'entraînement mal compris.

9. Les courses s'exécutent au pas gymnastique et d'après les principes suivants :

Un gradé, placé en tête du groupe, règle l'allure. La course est précédée d'une marche de quelques minutes au pas cadencé, puis le pas gymnastique est pris, d'abord à une allure lente, qui est accélérée progressivement jusqu'à la vitesse réglementaire.

Pour éviter l'essoufflement, l'expiration doit toujours être faite aussi complète que possible.

Un peu avant la fin de la course, l'allure est ralentie.

Pour achever de calmer l'organisme, la course est suivie d'une marche de quelques minutes pendant laquelle on prescrit aux hommes de faire des exercices respiratoires.

L'entraînement est poursuivi toute l'année à raison de trois ou quatre séances par semaine.

10. En général, tous les hommes peuvent arriver à exécuter sans sac 15 minutes de course en terrain plat.

Sur un parcours plus long, il convient de faire alterner la course et la marche au pas de route.

Sur un trajet très court (100 mètres au maximum), l'homme peut être exercé à courir avec toute la vitesse dont il est capable. Le point d'arrivée doit alors être dégagé de tout obstacle (mur, fossé, etc.). Cette course exigeant un travail violent en un temps très court ne doit être pratiquée qu'avec circonspection.

SAUTS

11. Les sauts développent l'adresse, l'énergie morale et éduquent le système nerveux.

Les sauts s'exécutent avec ou sans chargement.

L'homme chargé n'exécute que des sauts de faible amplitude.

Pour sauter, le soldat tient l'arme de la main droite, et ramène de l'autre main le fourreau de la baïonnette en avant.

Si l'obstacle doit être franchi **sans interrompre la course,** et s'il présente quelque hauteur, l'homme saute en élevant le genou de la jambe avant qu'il replie aussi horizontalement que possible, le corps penché en avant, la jambe arrière presque allongée, rasant l'obstacle. L'homme se reçoit sur la jambe avant et continue sa course sans marquer de temps d'arrêt à la chute.

12. Pour habituer les hommes à franchir certains obstacles (fossés, haies, ruisseaux) **à l'aide d'une perche,** on les exerce d'abord à des sauts en profondeur, longueur, hauteur, puis à des sauts combinés.

Saisir la perche à deux mains, les pouces en dessus. Pendant la suspension, faire une vigoureuse traction des bras et passer les jambes du même côté de la perche.

Avant la chute, rejeter la perche en arrière ou sur le côté.

13. En campagne, les obstacles sont contournés, escaladés, détruits ou aménagés pour le passage de la troupe.

Faute de matériel, ou pour gagner du temps, il est quelquefois nécessaire de sauter l'obstacle. Dans ce cas, le soldat saute d'après les principes indiqués au titre Ier, mais le plus économiquement possible.

3ᵉ Conférence.

LE CAMPING

L'utilité et les plaisirs du camping.

Les plaisirs de la marche sont doublés par les joies du camping. Qu'y a-t-il de plus délicieux que de s'arrêter à l'orée d'un bois, au bord d'un ruisseau, après une longue étape, et de s'y constituer un bon gîte économique?

Nous donnerons à ce sujet quelques indications sur les travaux de camp ou de bivouac des soldats; ces travaux répondent absolument à la question que nous nous sommes posée.

Travaux de camp ou de bivouac.

Abris pour hommes.

1. Au bivouac, on peut construire rapidement un abri léger, de la forme de la figure ci-dessous, à l'aide de clayonnages, branchages, planches, etc.

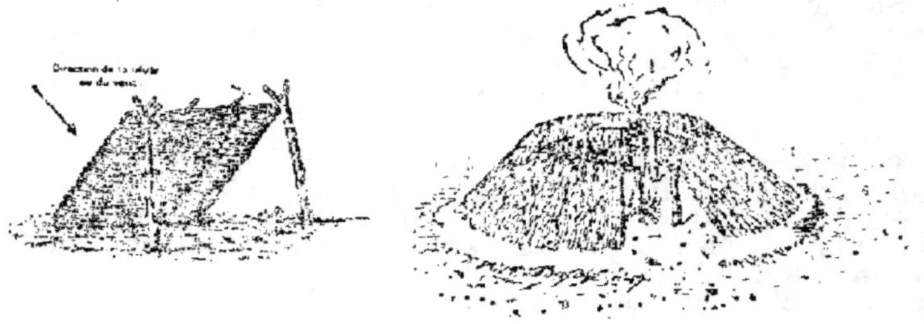

On peut aussi donner à l'abri une forme circulaire et disposer un foyer au centre.

Cuisines.

2. Établir des foyers entre deux ou quatre pierres, sur lesquelles reposent les marmites. A défaut de pierres, creuser dans le sol une simple tranchée, sur les bords de laquelle les marmites sont placées.

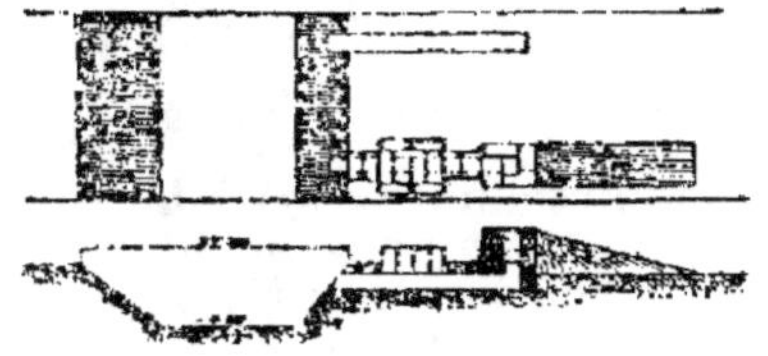

Feuillées.

Creuser une tranchée étroite et profonde, servant de fosse ; rejeter la terre à droite et à gauche de la tranchée, de manière que l'homme puisse poser ses pieds de chaque côté de l'excavation, dont les parois sont taillées à pic.

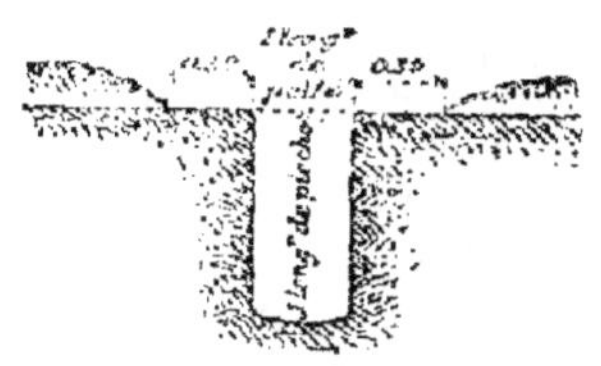 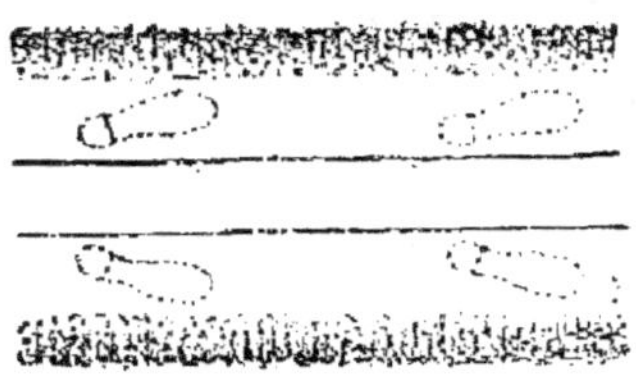

Deux fois par jour, le matin et le soir, avoir soin de faire jeter les terres de déblai dans les feuillées qui ont été utilisées. Arroser d'un lait de chaux, si possible, avant de combler l'excavation.

Abreuvoirs.

3. Faire les travaux de terrassement nécessaires pour permettre aux animaux d'accéder à la nappe d'eau.

Mise des chevaux au piquet.

4. La corde à chevaux, engagée dans les anneaux des frettes, est soutenue à 80 centimètres environ au-dessus du sol au moyen de deux grands piquets solidement enfoncés à coups de masse.

Elle est tendue fortement à l'aide de deux piquets plus petits, chassés obliquement en terre jusqu'à leur anneau, à 1 mètre en dehors et dans le prolongement des premiers.

Ainsi disposée, la corde suffit pour attacher 16 chevaux, placés d'un seul côté, et, au besoin, 25 à 30 chevaux placés de part et d'autre.

Filtrage des eaux.

Comment le soldat peut, en campagne, purifier l'eau suspecte. — En temps de guerre, l'eau de boisson est purifiée en grand au moyen d'appareils spéciaux qui suivent les troupes en marche; mais le soldat peut se trouver isolé: il doit donc connaître quelques manières pratiques d'épurer l'eau suspecte.

Le meilleur moyen consiste à faire bouillir l'eau pendant quelques minutes; on la consomme alors soit chaude, sous forme d'infusion de thé ou de café, soit refroidie; dans ce dernier cas, il est nécessaire de la battre avec un morceau de bois, pour l'aérer et la rendre moins lourde. Ce procédé est absolument sûr; il débarrasse l'eau de tous les germes morbides.

On peut également filtrer l'eau à l'aide d'appareils improvisés. L'eau passée à travers un linge fin ou une couverture de laine est débarrassée des impuretés grossières et des sangsues. On peut improviser un filtre au moyen d'une éponge propre refoulée au fond d'un entonnoir et recouverte d'une couche épaisse de sable.

On peut également se servir d'une boîte de conserves vide, percée d'un trou, et dans laquelle on superpose des couches de gravier et de sable.

La poudre de charbon bien tassée retient aussi les microbes, mais le procédé le plus sûr est l'ébullition.

La marmite norvégienne.

Le système de cuisine du capitaine de La Taille est basé sur l'emploi des isolants pour la conservation de la chaleur.

Une fois l'ébullition obtenue, la marmite retirée du feu est enfermée dans une caisse établie de telle sorte que la chaleur conservée est suffisante pour achever la cuisson des aliments et que la température se maintient à un degré très élevé (70 degrés environ après vingt-quatre heures). La cuisine se fait donc pour ainsi dire automatiquement.

L'ensemble du système, pour deux compagnies, comprend : 1° un fourneau avec un jeu de marmites en rapport avec les effectifs à nourrir, environ sept marmites pour deux compagnies, dont une de rechange; 2° une série de caisses isolantes où la cuisson se continue.

Le fourneau est à feu direct et à conduit de fumée aérien; l'enveloppe est métallique, l'intérieur est garni de briques réfractaires.

Le fourneau comporte trois ouvertures permettant le chauffage simultané de trois marmites: ces ouvertures peuvent être obturées par des plaques spéciales lorsqu'elles sont inutilisées.

Un four permet la préparation des rôtis et de tous les plats au gratin.

Le fourneau est muni d'un ou deux bains-marie.

Il comporte diverses clés de réglage permettant de répartir ou de concentrer la chaleur suivant les besoins (chauffage du four, d'une ou deux marmites).

Les marmites sont de forme parallélipipédique; les angles

en sont arrondis, en vue de faciliter le nettoyage et le chauffage.

L'ébullition est généralement obtenue en vingt-cinq minutes.

Les marmites, d'une contenance normale de 65 à 70 litres, sont munies d'un couvercle à fermeture étanche; il existe, en outre, des marmites de forme analogue, mais d'une contenance de 40 litres seulement, destinées plus spécialement aux plats à sauce courte, de façon que la marmite soit toujours pleine, ce qui assure une meilleure conservation de la chaleur.

La manœuvre des marmites est facilitée par l'adjonction d'un palan, glissant sur un rail au-dessus du fourneau.

Le chauffage journalier moyen nécessaire pour deux compagnies est d'environ deux heures ou deux heures et demie.

Les caisses isolantes — qu'il convient, si le local s'y prête, de placer dans la cuisine et à la suite du fourneau — contiennent ordinairement six cases séparées, dans lesquelles on placera les marmites au fur et à mesure de leur ébullition; ces cases, munies de portes étanches, ne sont plus ouvertes qu'au moment de la distribution.

Le mode d'emploi de l'appareil est le suivant: à 2 h. 30, par exemple, allumage du fourneau sur lequel sont placées les trois marmites contenant divers plats du lendemain (pot-au-feu, ragoût, légumes, etc.); dès qu'une marmite est entrée en ébullition, elle est retirée du feu, fermée et mise dans une case isolante; elle est immédiatement remplacée sur le fourneau par une autre marmite contenant, soit un des plats prévus pour le lendemain, soit de l'eau destinée au café ou au lavage des ustensiles. La marmite contenant l'eau de lavage est placée bouillante dans une case isolante et retirée au moment du besoin.

En ce qui concerne la préparation du café, on met dans le récipient le sucre, le café moulu, qu'on peut avantageusement renfermer dans des sacs de toile provenant, par exemple, de vieux bourgerons, et l'on verse sur le tout de l'eau bouillante; la marmite est ensuite fermée et placée dans la caisse isolante. Le récipient à café est pourvu d'un robinet articulé, permettant de servir le café à des hommes isolés.

Les divers plats placés la veille dans les cases isolantes, comme il est dit plus haut, en sont retirés quelques instants avant les repas, pour permettre leur répartition.

Lorsque le menu d'un repas comporte un rôti de viande ou des plats gratinés, macaroni, gâteau de riz, etc., la cuisson de ces plats est effectuée dans le four, pendant que, sur le fourneau, on prépare tout l'ordinaire du lendemain.

Le matériel est complété par une brasière, en vue de la confection des fritures.

Les commandes d'appareils doivent être adressées à M. Brousse, 1, rue du Puits-Gaillot, à Lyon.

4e Conférence.

LA NATATION

Il est impossible de faire trop de cas de l'art de la natation. Outre les plaisirs du bain, la natation exerce tous les muscles du corps.

Mais le nageur ne doit jamais être imprudent. La pratique de la natation nécessite, en effet, des précautions particulières.

On ne doit pas rester plus de 15 à 20 minutes dans l'eau, surtout par les temps frais. Le bain doit être pris *au moins* trois heures après le repas, de manière à éviter tout danger de congestion.

Tout enfant dont le corps rougit en entrant dans l'eau doit être immédiatement présenté au médecin.

Après le bain, il est nécessaire, surtout par un temps frais, de réagir immédiatement par une marche ou une course de quelques minutes.

Naturellement, les enfants sont accompagnés d'un maître nageur susceptible de sauver l'un d'eux en danger de se noyer.

Nous allons indiquer quels sont les exercices à faire hors de l'eau pour apprendre aux enfants à nager et ensuite les exercices à faire dans l'eau.

Exercices hors de l'eau.

a) Exécuter les exercices suivants sur un banc ou à l'aide d'un moyen de suspension de fortune.

1° NAGER SUR LE VENTRE.

b) MOUVEMENT DES BRAS.

Mains réunies devant la poitrine, doigts allongés et joints, bras fléchis, pieds réunis :

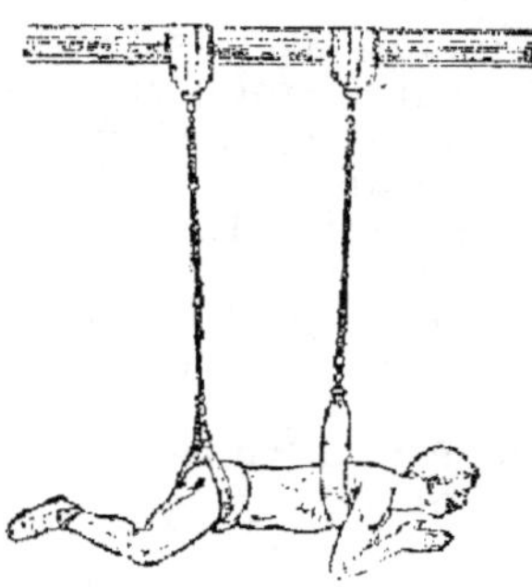

Fig. 1.

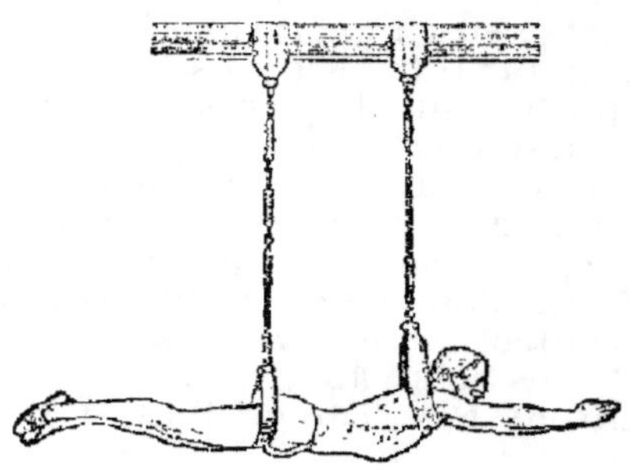

Fig. 2.

1° Tendre les bras devant la poitrine, les mains réunies et tourner les paumes à environ 45°, le côté extérieur un peu relevé ;

2° Ecarter les bras tendus, les fléchir au moment où ils passent à la position latérale et reprendre la position de départ.

c) MOUVEMENT DES JAMBES. — Cuisses, jambes et pieds fléchis, talons réunis à la hauteur des fesses, genoux et pieds ouverts :

1° Allonger les jambes en les écartant le plus possible, les pieds fléchis, les réunir en étendant les pieds ;

2° Fléchir les jambes et reprendre la position de départ.

d) MOUVEMENTS SIMULTANÉS DES BRAS ET DES JAMBES. Les bras et les jambes placés comme il est prescrit plus haut.

Exécuter simultanément avec les bras et les jambes les premiers, puis les seconds temps prescrits aux paragraphes *b* et *c* (fig. 1 et 2).

2° NAGER SUR LE DOS.

e) Sur le dos, cuisses, jambes et pieds fléchis, talons réunis près des fesses, genoux ouverts, mains à la poitrine, doigts allongés et joints.

Exécuter le premier temps du paragraphe *c*. — Ecarter en même temps les mains du corps, tendre les bras et les rapprocher vivement des cuisses, les mains perpendiculaires au sol.

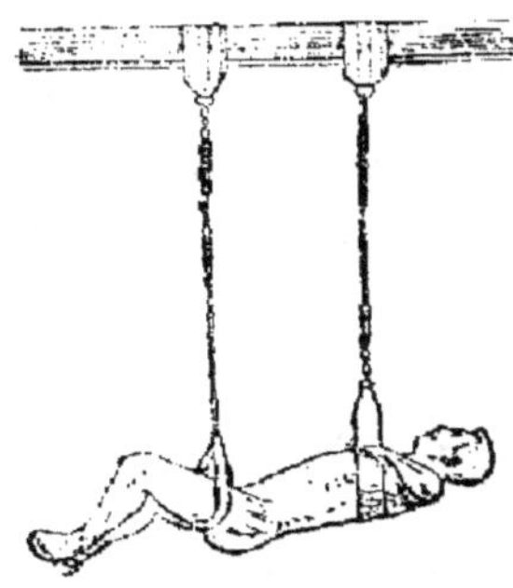

Fig. 3.

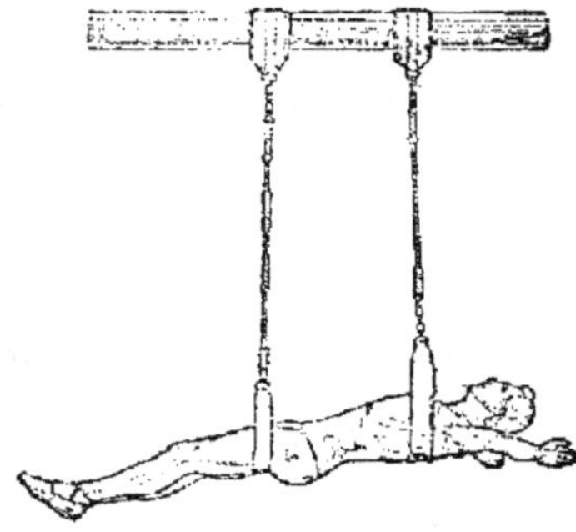

Fig. 4.

Reprendre la position de départ en fléchissant les jambes et en faisant passer les mains près du corps, les paumes dirigées vers le sol (fig. 3 et 4).

Exercices dans l'eau.

a) La principale difficulté à surmonter dans les exercices dans l'eau est la peur. Il faut donc chercher à donner confiance à l'élève par tous les moyens possibles. On peut, par exemple, le maintenir à l'aide d'une sangle, puis le faire nager à portée de main d'une perche ou d'une bouée ; enfin, après examen, l'autoriser à nager seul.

1° Nager sur le ventre.

b) Progresser en exécutant les mouvements simultanés des bras et des jambes, le corps légèrement incliné au-dessous de la surface de l'eau, la tête émergeant.

2° Nager sur le dos.

c) Lorsque l'élève sait nager sur le ventre, on l'exerce à se retourner, puis à nager sur le dos, la tête dans le prolongement du corps, la face seule hors de l'eau.

d) Lorsque l'élève veut reprendre haleine ou se reposer, il se maintient en planche, soit par un mouvement horizontal des bras, les mains faisant office de godilles, soit par un mouvement de jambes.

3° Plonger.

e. Avant d'apprendre à plonger, l'élève s'habitue à faire des inspirations profondes, à conserver l'air le plus longtemps possible et à le rejeter par petites quantités sans en inspirer de nouveau. Il fait ensuite une inspiration profonde, plonge la tête sous l'eau et l'y maintient aussi longtemps qu'il peut, les yeux ouverts. D'ailleurs ce procédé peut être employé au début de l'instruction pour donner plus de confiance à l'élève.

On peut fixer une perche verticale dans un endroit profond du bain. L'élève descend le long de cette perche.

Lorsque l'élève est familiarisé avec cette pratique, on l'habitue à plonger ; au début, il est attaché. Il peut être utile de le faire placer sur une large planche mouillée, la tête dépassant le bord, les bras allongés. Le maître nageur incline progressivement la planche jusqu'au moment où l'élève glisse et tombe dans l'eau ; l'élève fait une extension de la tête, du tronc et des mains et revient à la surface en nageant.

f) Pour *plonger la tête la première* d'un point élevé, l'élève se place à genoux sur le bord du ponton, les bras tendus au-dessus de la tête, les mains jointes. Il incline le corps en avant et plonge.

En partant de la position debout, l'élève donne une légère impulsion des jambes au moment de perdre l'équilibre, de façon à tomber obliquement dans l'eau, la tête la première, les bras et les jambes dans le prolongement du tronc.

L'élève s'exerce à gagner le fond en nageant.

g) Pour *plonger [de la surface de l'eau*, l'élève. nageant sur le ventre, culbute la tête la première et s'efforce de gagner le fond en nageant vigoureusement.

h) Pour *plonger* d'un point élevé, *les pieds les premiers,* le nageur saute dans l'eau, le corps vertical, les jambes réunies. Dans ce cas, il est bon de se boucher le nez et de se garantir les parties génitales.

Le plongeon la tête la première est de beaucoup le plus recommandable.

i) Il y a lieu d'exclure des exercices de plonger les enfants atteints d'affections anciennes ou récentes de l'oreille ayant pu altérer le tympan. Afin d'éviter les accidents possibles de cet organe, on doit exécuter le plongeon correctement, la face bien en avant sans incliner la tête de côté. Un bonnet s'appliquant exactement sur les deux oreilles est à recommander.

La profondeur d'eau indispensable pour plonger d'un point élevé est de 3 mètres.

4° EXERCICES DE PERFECTIONNEMENT.

j) Les enfants plongeant et nageant correctement exécutent des exercices qui augmentent leur confiance.

Ils sont exercés aux différents procédés de natation connus et à plonger fréquemment, soit nus, soit habillés.

On les habitue à nager en poussant des corps flottants. puis en portant des corps plus denses que l'eau. et enfin à aller chercher des objets au fond de l'eau.

Les jeux sur l'eau sont excellents pour développer l'assurance et l'endurance du nageur.

5° PORTER SECOURS A UNE PERSONNE EN DANGER.

k) Le nageur doit se déshabiller s'il en a le temps et être très prudent.

Quand la personne en danger est immobile. il la saisit par derrière et de préférence par le cou, les oreilles ou les cheveux. Il revient à la rive en nageant sur le dos, la tête du noyé sur sa poitrine.

Si la personne se retourne. il la lâche momentanément pour la ressaisir comme il vient d'être indiqué.

L'opération devient dangereuse dès que le sauveteur est appréhendé. Dans ce cas, il emploie tous les moyens pour se dégager.

5e Conférence.

LA NAVIGATION ET LE CANOTAGE

Conduire une nacelle ou un bateau est un exercice très sain qui fortifie tous les muscles du corps; cet exercice devrait être plus pratiqué qu'il ne l'est par nos jeunes gens.

Nous allons indiquer quelques principes relatifs à la navigation.

1° *Conduire une nacelle (système du génie) avec une rame.* — Le rameur se place sur l'arrière de la nacelle, face à l'avant; il rame en appuyant sa rame contre un tolet; si le rameur est placé à tribord (côté droit de la nacelle en regardant l'avant) et rame en avant, la nacelle marchera en avant en tournant à bâbord (côté gauche de la nacelle en regardant l'avant). S'il veut que la nacelle marche en avant sans tourner, il commence par donner son coup de rame comme pour ramer en avant; mais, après avoir brusquement poussé la poignée, il la tourne vivement et l'incline en avant, la tire lentement à lui ainsi inclinée; lorsqu'elle est près du corps, il la retourne verticalement et continue à ramer de la même manière. La main la plus rapprochée du tolet lui sert à pousser la poignée en avant et de point d'appui lorsqu'il tire la poignée à lui.

Pour faire tourner la nacelle du côté du bord où il est placé, il plonge la palette dans l'eau verticalement, en arrière et contre le bordage, tire brusquement sur la poignée en prenant le plat-bord pour point d'appui, ramène la palette contre le bordage sans la sortir de l'eau, en tournant la poignée horizontalement et tirant sur la perche avec la main la plus rapprochée du bordage; il retourne la poignée pour que la palette présente un tranchant à l'eau; il tire de nouveau sur la poignée pour continuer à agir de la même manière.

Le rameur se place à tribord entre la troisième et la quatrième courbe à partir du nez de l'arrière, face à l'avant, le pied droit en arrière, la poignée de la rame dans la main gauche, l'autre main tenant la perche aussi loin que possible de la poignée les ongles en dessous, les bras tendus en avant du corps, la rame appuyée sur le plat-bord, la palette en dehors de la nacelle et en dessous de la perche.

Si le rameur doit agir pour faire avancer la nacelle sans changer de direction, il porte la palette en avant, la plonge dans l'eau, tire sur sa rame avec la main droite et résiste de l'autre main de manière que la perche rase le bordage; il tourne la poignée pour que la palette pré-

sente son plat au bordage et pèse sur la poignée en prenant le bordage pour point d'appui, sort la palette de
l'eau en étendant le bras gauche et la reporte en avant
pour continuer à ramer ainsi. S'il doit faire tourner la
nacelle à tribord, il agit comme il est prescrit; s'il doit
la faire tourner à bâbord, il plonge la palette au large
obliquement en avant et tire la rame à lui; il la plonge
d'autant plus au large qu'il veut faire tourner la nacelle
plus promptement.

Le rameur conduirait la nacelle d'après les mêmes
principes en se plaçant à bâbord.

La nacelle étant contre la rive droite, pour passer à la
rive gauche, le rameur lance sa nacelle, place sa rame
contre un tolet à tribord sur l'arrière et donne à passer
en maintenant sa nacelle sous un angle convenable par
l'un des moyens indiqués.

Le rameur, après avoir lancé sa nacelle, peut aussi placer sa rame entre les tolets du nez de l'arrière et faire
passer la nacelle en godillant, mais il traverserait moins
rapidement que par les moyens indiqués ci-dessus.

Conduire un bateau avec une gaffe. — Le gaffeur se place du côté de la rive le long de laquelle il remonte le
bateau. Le bateau étant parallèle à la rive, le gaffeur se
place vers son milieu, donne son coup de gaffe en marchant vers l'arrière jusqu'à ce qu'il voie que l'avant du
bateau tourne un peu vers la rive : il se reporte d'autant
plus en avant qu'il a plus tourné et gaffe plus ou moins en
travers en marchant plus ou moins vers l'arrière, selon
que c'est nécessaire pour empêcher que l'avant touche
terre et que le bateau, après chaque coup de gaffe, soit
toujours un peu incliné vers la rive, de l'arrière à l'avant.

Le gaffeur peut aussi conduire le bateau étant sur
l'arrière, sans changer de place; il gaffe en arrière pour
faire marcher le bateau en avant, il gaffe en travers pour
faire tourner le bateau du côté du bord où il se tient; il le
fait tourner du côté opposé en piquant sous le bateau un
peu obliquement vers l'arrière; il penche le corps sur sa
gaffe, en dehors du plat-bord, et pousse sans que la gaffe
touche le bordage.

Le gaffeur peut encore conduire le bateau en se plaçant à la naissance de l'avant-bec et gaffant tantôt à tribord, tantôt à bâbord.

Si le gaffeur ne trouve pas le fond de la rivière, il met
l'arrière un peu au large et va se placer au milieu du
bateau, d'où il pique contre l'escarpement de la rive, et
gaffe sans marcher. Lorsque l'avant-bec va au large, le
gaffeur se porte sur l'avant, pique contre la rive, tire la
gaffe à lui avec la main qui est éloignée de la poignée, et
pousse avec l'autre main; dès que l'avant s'est rapproché
de terre, le gaffeur retourne vers le milieu du bateau et
gaffe de nouveau sans marcher, comme il vient d'être
dit.

Si le gaffeur, en portant trop en avant ou en gaffant

trop en travers, a éloigné l'avant-bec de la rive le long de laquelle il remonte, il fera retourner l'avant-bec vers cette rive en allant sur l'arrière gaffer plus ou moins en travers. Si ce moyen est insuffisant, le gaffeur se porte sur l'avant, change de bord, pique en travers un peu vers l'arrière, appuie la poitrine contre la poignée, porte les mains au plat-bord et pousse fortement en marchant vers l'arrière.

Le bateau étant contre la rive, pour passer à la rive opposée, le gaffeur se place près de l'avant du bateau, du côté de la rive, pique avec sa gaffe obliquement vers l'arrière et lance le bateau en poussant avec force jusqu'à la naissance de l'arrière-bec; il se reporte ensuite sur l'avant en changeant de bord, et gaffe en travers pour s'opposer à la dérive en donnant à passer sous l'angle convenable. il maintient le bateau dans cette direction en gaffant plus ou moins en travers à l'avant ou à l'arrière. Au moment où l'avant-bec est près de toucher terre, il pique avec sa gaffe obliquement en arrière contre la rive, pour empêcher le bateau de descendre et de prendre le large.

Godiller. — Pour godiller, le rameur fait face à l'arrière, les jambes légèrement écartées, les jarrets un peu ployés, les talons à même hauteur, saisit des deux mains l'extrémité de la rame placée comme gouvernail, les ongles en dessous. Il frappe l'eau obliquement à droite et à gauche avec la rame, la palette en dessous, sans la sortir de l'eau, en portant le poids du corps à gauche et à droite, ployant et tendant alternativement l'un et l'autre jarret. Il dirige ainsi le bateau en agissant plus ou moins fortement d'un côté ou de l'autre.

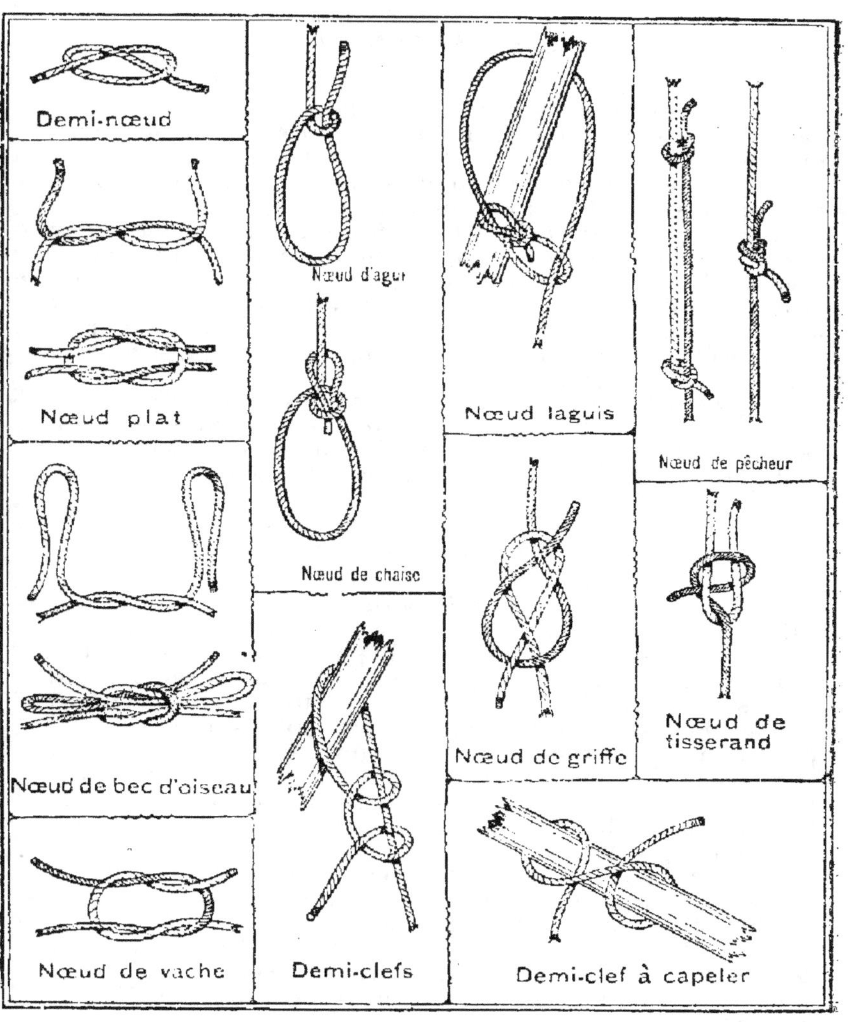

Nœuds utiles à connaître pour la navigation.

6e Conférence.

LA BOXE

Tous ceux qui ont suivi le match de *New-Jersey*, entre *Dempsey*, le champion du monde, et *Carpentier*, le champion européen, savent la faveur dont jouit la boxe en France et se rendent compte de sa valeur pour le développement des muscles et de l'endurance.

Pour s'apprendre à boxer, il faut tout d'abord s'exercer sur un « *punching-ball* » qui peut être fait d'un ballon d'« association » suspendu à une plate-forme de façon à pouvoir rebondir dans toutes les directions. Le ballon est alors suspendu à hauteur de la figure de celui qui s'exerce. Cet appareil vous permettra d'apprendre la rapidité et la force du coup à donner.

Bien évidemment, la marche, les courses de vitesse, le saut à la corde font aussi partie de l'entraînement du boxeur qui doit garder ses muscles aussi souples que possible et, par suite, éviter les exercices avec des poids trop lourds.

POSITION DU BOXEUR.

Le pied gauche en avant, la pointe faisant face à l'adversaire, le pied droit en arrière, à environ 40 centimètres et formant un angle approprié, le poids du corps distribué également sur les deux jambes, les genoux légèrement ployés, afin de laisser aux muscles leur souplesse et leur agilité. Les mains fermées, le pouce replié sur la première phalange du premier et du deuxième doigt.

Ne serrer les poings qu'au moment de donner le coup, pour ne pas fatiguer inutilement les muscles du bras ; ne pas laisser tomber les mains au-dessous de la ceinture, si ce n'est pour se reposer.

Le bras droit doit être replié contre l'estomac qu'il doit toucher, garantissant ainsi le creux de l'estomac qui est un des endroits les plus vulnérables.

Le menton étant aussi un point tout à fait sensible — un coup sur le menton provoque l'évanouissement, le *knock-out* — on doit le maintenir bas et le protéger par l'épaule gauche.

Les autres points vulnérables sont les fausses côtes et les flancs à hauteur des reins ; les coups sur le cœur et sur la carotide sont également dangereux.

Pour avancer, il faut rapprocher le pied qui est en arrière de celui qui est en avant et ne jamais les *croiser*, comme dans la marche.

L'ATTAQUE.

Il faut surveiller le regard de son adversaire pour deviner ses intentions et savoir profiter de la moindre inattention de sa part pour lui porter un coup décisif.

D'autre part, si l'on fait mouvoir le bras gauche dans un cercle perpendiculaire au sol, on reposera ainsi ses muscles du bras, et l'adversaire sera dérouté.

Il faut frapper fort et vite : un coup droit vaut mieux qu'un coup de revers (*swing* ou *cross*).

Il est bon de s'habituer à donner des coups en allongeant simplement l'avant-bras; ce coup est très utile dans un corps à corps et fort dangereux à cause de sa rapidité.

Le bras droit ne doit pas servir seulement pour se garantir; au contraire, comme d'ordinaire il est plus vigoureux que le bras gauche, il faut s'en servir pour les grands coups.

Nous allons indiquer quelques coups :

Coup du poing gauche à la tête. — Pour le donner, détendre le bras gauche à fond et pousser avec la jambe droite.

Coup du poing droit à la tête. — Il faut faire un pas en avant et donner le coup ensuite.

Le *coup du gauche au corps* se donne en marchant.

Le *coup du droit au corps* se donne en appuyant avec tout le poids du corps.

Les *swings* sont des coups de revers, des coups balancés.

Les *cross*, des coups croisés.

L'*uppercut* est un coup de bas en haut donné avec le bras replié; il vient des reins et des jambes sur lesquelles on se soulève pour l'envoyer.

Le *crochet* est donné aussi par le bras replié, comme dans l'uppercut.

LA DÉFENSE.

1° On peut donner un coup, bloqué ou dévié, par un mouvement de la main ou du bras;

2° On peut éviter ce coup par une esquive, soit en glissant (*slipping*), soit en baissant la tête (*ducking*), soit par un pas de côté;

3° Enfin, le coup peut être rencontré par un contre-coup. Ce sont les *cross* et les *counters*.

Un cross à la mâchoire est un coup décisif qui met knock-out l'adversaire.

Boxe française.

Ce sport, pourtant très élégant et fort utile pour l défense, ne jouit plus aujourd'hui de la vogue d'autrefois.

La boxe française diffère complètement de la boxe anglaise; elle permet l'usage des coups de pied.

On peut diviser les coups de pied en : *coup de pied bas, coup de pied d'arrêt, coup de pied de pointe* et *coup de pied chassé à la figure*.

Derniers conseils.

Eviter les assauts désordonnés qui, sans méthode, dégénèrent vite en pugilats.

Conserver toujours sa bonne humeur et son sang-froid.

Ne jamais tomber dans ces accès de brutalité qui, parfois, déshonorent les matches de boxe.

7ᵉ Conférence.

LA PÊCHE

Celui qui a dit de la pêche qu'elle consiste à mettre un ver à un bout d'une ligne et un idiot à l'autre bout n'est qu'un médisant qui n'a sans doute jamais pu faire mordre un modeste goujon.

Pour être un bon pêcheur, il faut certaines qualités.

D'abord il faut se lever de bon matin et soigner son équipement, ne pas s'habiller de couleur trop voyante et éviter le bruit.

Ne pas se servir d'une gaule quelconque, mais d'une bonne canne en bambou, avec un scion de greenhart (bois très nerveux); cette canne, démontable en trois pièces, doit être pourvue de douilles solidement brasées.

La ligne peut être de matériaux divers : soie, crin de cheval ou même en cheveux.

Les lignes de soie tressée sont les meilleures.

Pour la pêche au lancer, à la mouche, on se sert de lignes effilées, dites à queue de rat.

Comme accessoires, il faut avoir des plomb fendus pour lester sa ligne et une petite sonde pour évaluer la hauteur où doit être fixé le flotteur.

DIVERSES SORTES DE PÊCHE.

1ʳ La plus connue est la *pêche à la ligne flottante*. Dans ce cas, il faut ajuster votre flotteur de façon que votre hameçon soit situé juste au-dessus du fond.

2ᵉ La *pêche à soutenir* se pratique sans flotteur. L'amorce est maintenue au fond de l'eau par une plombée. La ligne est tendue dans la main du pêcheur qui peut sentir si le poisson mord d'après les secousses qu'il imprime.

3ᵉ La *pêche dite « pater noster »*, qui diffère très peu de la précédente. Cette pêche de fond s'emploie surtout dans les eaux tranquilles.

4° La *pêche au lancer*, à la ligne flottante, est la pêche sportive par excellence: c'est la pêche à la truite et au saumon.

Pour bien pêcher au lancer, il faut apprendre à *lancer* la mouche artificielle, qui sert d'appât, à l'endroit exact où elle doit tomber.

Pour la *truite*, il faut la jeter en amont, pour qu'elle descende avec le courant; pour le *saumon*, il faut la jeter de l'autre côté de l'eau, pour que le courant la fasse tourner. La ligne est graissée afin de pouvoir flotter.

Le moulinet est indispensable, **d'abord** pour diminuer la longueur de la ligne, ensuite pour épuiser le poisson une fois qu'il a mordu.

Enfin, un bon pêcheur doit savoir appâter le poisson. Chaque pêcheur a, à ce sujet, ses recettes dont quelques-unes sont peu parfumées : *l'ablette* préfère un mélange de crottin de cheval et de boue séchée; les *carpes* ont un faible pour les fèves cuites; les *gardons* demandent seulement un mélange vaseux obtenu en remuant le fond de la rivière avec un bâton; ils aiment bien aussi grignoter une grosse miche de pain retenue au fond de la rivière par une pierre.

Nous allons nous résumer en donnant une momenclature de quelques espèces de poissons, avec la façon de les capturer.

Ablette. — Ce menu fretin affectionne les lavoirs, l'arche des ponts en eau peu profonde. — Pêche à fond; ligne fixe; asticots ou mie de pain.

Anguille. — Rivières vaseuses, étangs, eau profonde. — Ligne solide à fond; vers de terre.

Barbeau. — Fonds pierreux à léger courant. — Se pêche à fond, avec une ligne moyenne; gruyère, asticots, blé cuit.

Brème. — Poisson très défiant; fonds vaseux et profonds. — Ligne de crin, bas de ligne très fin; vers rouges ou blé cuit.

Brochet. — Se tient la plupart du temps sur les bords, parmi les roseaux. — Se pêche au vif, avec un bon moulinet et une soie moyenne. Le flotteur doit être assez gros; hameçon monté sur corde à guitare avec un émerillon pour permettre au poisson vif qui sert d'appât de tourner sans vriller la ligne.

Carpe. — Gros poisson rusé qui sait fort bien enrouler la ligne autour d'une racine pour la briser; il faut sortir le poisson très vite de l'eau. — Ligne solide, hameçon 8 ou 9, presque au fond; blé, asticots.

Chevesne. — Très méfiant, mais mord à tout. — Ligne très fine, avec mouche artificielle que l'on fait sauter sur l'eau.

Gardon. — Eau profonde, forte plombée, hameçon 10; vers ou vif.

Perche. — Joli poisson; se tient près du bord. — Soie moyenne avec moulinet; vers ou vif.

Truite. — Canne de bambou, avec scion de greenhart; un bon moulinet à cric pour ne pas casser le fil. La truite est fort rusée et de capture difficile.

8e Conférence.

LES SPORTS D'HIVER

A. — Patinage.

C'est le plus ancien des sports d'hiver; il était déjà en honneur dès le xviiie siècle.

Le *Club des Patineurs* et l'aménagement des pistes en glace artificielle en ont fait l'un des sports les plus en vogue aujourd'hui.

Il y a deux sortes de patinage : *le patinage à figure* et le *patinage de vitesse*.

Dans le patinage à figure, il s'agit de décrire sur la glace de véritables arabesques, d'écrire des parafes artistiques.

Quant au patinage de vitesse, il se pratique surtout en Hollande ou en Suède, où il y a des canaux ou des lacs qui gèlent assez régulièrement pour permettre un entraînement méthodique et de longue durée.

La forme des patins s'est bien modifiée; il y a une grande différence entre les premiers patins en os, taillés dans une mâchoire de cheval, et les longs patins de course vissés à demeure sur des bottines spéciales qui nous viennent de Suède.

Le hockey sur glace se pratique beaucoup en France.

B. — Ski.

Le *ski* a, dès maintenant, droit de cité en France.

Qui ne connaît ces longues lames de bois larges de 10 centimètres, longues de 2 mètres et épaisses de 3 centimètres, dont la pointe est légèrement recourbée?

Le ski est d'origine scandinave.

Grâce aux efforts du *Touring-Club* et du *Club alpin*, l'usage du ski s'est développé dans l'armée. Nos alpins savent chausser la raquette canadienne et sont des virtuoses du ski.

L'usage s'en est d'ailleurs aussi répandu dans nos hautes vallées du Jura, des Alpes et des Pyrénées, où l'on rencontre des enfants qui vont à l'école montés sur des skis.

L'influence de ce sport est considérable; il a donné un regain de vie à nos montagnards, condamnés jadis à l'oisiveté pendant de longs mois de l'année. Avec le ski, on fait facilement de 10 à 20 kilomètres à l'heure et des sauts de 40 mètres, en fournissant des étapes de 220 kilomètres dans une journée.

9ᵉ Conférence.

HYGIÈNE ET SOINS CORPORELS

a) Propreté individuelle. — Soins corporels.

Chaque matin, après le réveil, on doit se laver avec soin les mains, la figure, le cou, la bouche, le nez, les oreilles et se nettoyer la tête. Le lavage n'est consciencieux que si l'on se sert de savon. Le rinçage de la bouche ne suffit pas; il faut, de plus, procéder au nettoyage des dents à l'aide d'une brosse spéciale, faite de crins durs ou de caoutchouc. Cette brosse peut être imprégnée de savon en guise de pâte ou de poudre dentifrice.

L'exécution des soins de propreté ne saurait être strictement limitée au lever; elle est également nécessaire au retour de marches ou d'exercices.

D'autre part, le lavage des mains est une opération qui s'impose à chaque instant de la journée; il est notoirement obligatoire avant chaque repas.

La propreté des pieds présente une importance particulière. Il importe de prendre au moins un bain de pieds par semaine, même en hiver. Les ongles des pieds doivent être coupés courts, transversalement, sans être arrondis sur les côtés, afin d'éviter la prédisposition à l'ongle incarné.

b) Propreté des vêtements.

Il est aussi important de veiller à la propreté des chemises, des caleçons et des chaussettes qu'à celle du corps lui-même.

Le linge de corps doit être changé au moins une fois par semaine et plus souvent si c'est nécessaire.

Principes généraux d'hygiène concernant :

a) Les boissons hygiéniques.

L'eau constitue la boisson naturelle et suffit parfaitement. Néanmoins, on se trouve bien de consommer certains liquides tels que le vin, le cidre, la bière, à condition que cela soit en quantité modérée et que l'on coupe ces boissons avec de l'eau. Le thé constitue une excel-

lente boisson hygiénique; son usage est à recommander
en hiver; on le consomme alors chaud et sucré. Il rend
également des services lorsqu'on est obligé de stériliser
l'eau, en temps d'épidémie, par exemple; il communique
alors, additionné à l'eau de boisson en petite quantité,
un goût agréable et permet de la faire bouillir avec
moins d'inconvénients.

b) **Les eaux potables.**

Il importe d'avoir une eau de bonne qualité, non seulement fraîche et claire, mais exempte de germes de maladies; nombre d'affections, en effet, se transmettent par
la voie de l'eau (fièvre typhoïde, dysenterie, choléra, etc.).
Toute eau suspecte doit être stérilisée, soit par filtration,
soit par la chaleur lorsqu'on n'a pas d'appareils spéciaux;
il suffit de faire bouillir l'eau pour la boire sans danger.
L'eau doit bouillir assez longtemps avant d'être consom-
mée, de façon qu'elle puisse être refroidie et aérée.

Les récipients destinés à contenir l'eau potable doivent
être d'une propreté absolue.

c) **La prophylaxie de la tuberculose.**

La tuberculose est la maladie qui cause actuellement
le plus de pertes. On peut lutter très efficacement contre
elle en appliquant strictement les règles de l'hygiène.
Celles-ci se résument : 1° à fortifier et à améliorer le
terrain, c'est-à-dire les individus qui peuvent s'exposer à
la contagion; 2° à empêcher la propagation des germes
infectieux. La première indication est remplie par une
existence régulière, exempte de tout excès, par une
bonne alimentation, par la vie dans un milieu suffisamment aéré. La seconde comprend non seulement la mise
à part des tuberculeux, mais certaines précautions, dont
la principale consiste à ne jamais cracher à terre. Bien
des gens, en effet, en apparence sains, ont dans leurs
produits d'expectoration le germe de la tuberculose;
celui-ci se dessèche avec les crachats, se mêle aux pous-
sières et va contaminer les gens sains qui l'absorbent.

d) **La prophylaxie de l'alcoolisme.**

L'alcoolisme est un fléau qui pèse sur la race aussi
lourdement que la tuberculose : il est pourtant facilement évitable. L'alcool est un véritable poison, surtout
lorsqu'il est absorbé régulièrement, chaque jour, et alors
même qu'il n'engendre pas l'ivresse. Il amoindrit l'individu moralement et physiquement, et, indépendamment
des maladies qu'il produit, favorise l'apparition des
autres affections, de la tuberculose en particulier. Lui-

même atteint tous les organes, et en particulier le système nerveux ; il produit la folie, le penchant au suicide, au crime. Il atteint non seulement l'individu, mais le frappe encore dans sa descendance : l'épilepsie, l'idiotie, la déchéance physique et morale, la tuberculose, la criminalité sont le lot ordinaire des enfants d'alcooliques.

Aussi est-il de la plus haute importance de lutter contre ses progrès, qui vont en France en croissant.

Dans d'autres pays, on a fait l'expérience de ce que peuvent la volonté et la discipline dans une semblable lutte, car on est arrivé à diminuer dans de très grandes proportions la consommation de l'alcool. Il faut distinguer :

1° Les boissons alcooliques à essence : absinthe, amer, tous les apéritifs ; ces boissons n'ont aucune valeur apéritive et sont extrêmement toxiques : leur usage doit être complètement proscrit ;

2° L'alcool sous forme d'eau-de-vie : il doit être également proscrit ;

3° Les boissons fermentées : vin, cidre, bière, poiré. Bien que l'on puisse parfaitement se passer de ces boissons, leur usage ne présente pas d'inconvénients, à la condition expresse qu'elles soient prises en quantité modérée.

10° Conférence.

LE JARDINAGE

Le jardinage est un sport plus calme que ceux que nous avons décrits ci-dessus; mais il n'y a pas de passe-temps plus sain, plus agréable et plus utile.

L'art des jardins est d'ailleurs un art bien français. Nulle part mieux qu'en France, si ce n'est au Japon, on n'a réussi à créer de plus merveilleuses plates-bandes et de plus jolis jardins.

Qui ne connaît les superbes jardins de Versailles dessinés par Le Nôtre?

Nos enfants de France trouveront dans le jardinage un charme nouveau et comprendront mieux le bonheur des champs qu'ont chanté Horace, Virgile, Ronsard et bien d'autres poètes distingués.

Chacun de nos enfants doit d'abord connaître e aire un choix des fleurs et des légumes qui conviennent à chaque région.

Mais, avant de planter, il faut tout d'abord apprendre l'usage de la bêche, du râteau et de la binette; il faut savoir travailler le sol en profondeur et l'ameublir à la surface.

Enfin, on doit employer des semences fraîches et donner aux plantes de l'air et de la lumière en leur laissant largement la place pour se développer.

PRÉPARATION DU SOL.

La figure ci-jointe permet de comprendre comment s'opère le défonçage d'un sol profond.

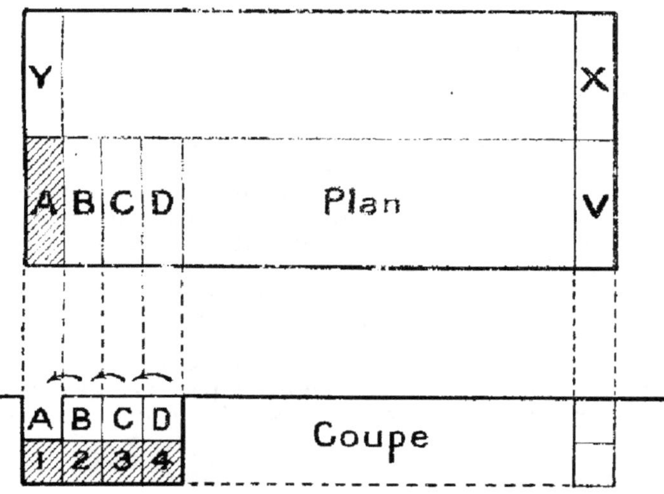

On divise en deux parts, dans la longueur, la plate-bande à bêcher. On creuse en A un fossé de la profondeur du fer de la bêche et large de 0"80 et on rejette la terre en Y.

On bêche à nouveau le fond de ce fossé de la même profondeur en y laissant la terre 1. On rejette maintenant la terre de B sur 1; puis, une fois que 2 a été bêché, on le recouvre avec C, et ainsi de suite jusqu'à la dernière tranchée Y, qui est recouverte avec la terre mise de côté en A.

Ce travail doit être fait en octobre ou novembre, afin de permettre aux gelées d'hiver d'ameublir le sol.

FUMURE.

Les plantes enlèvent au sol une partie de ses éléments qui doivent être remplacés par ceux qu'apporteront les engrais. Le *fumier d'étable* est bon pour toute espèce de terrain, mais il doit être enfoui profondément.

Pour fumer la surface, il faut un engrais qui se mêle facilement au sol : les cendres de bois sont excellentes et, pour empoter des plantes, des feuilles mortes, entassées depuis une année au moins, conviennent parfaitement.

Pour rendre plus léger un terrain lourd, il faut y mélanger du sable, des cendres, des balayures ou gadoues; au contraire, les terrains sablonneux seront rendus plus productifs par l'adjonction d'argile ou de végétaux en décomposition.

Les carottes et les navets ne demandent pas un terrain très riche, mais profondément remué; les plantes peu profondes, un sol beaucoup plus riche.

Il ne faut employer les engrais chimiques qu'avec précaution.

COMMENT S'Y PRENDRE POUR SEMER.

Il faut choisir, pour semer, une belle journée de printemps où l'évaporation sera rapide. Bien ratisser le sol et, dès qu'il sera plus sec, y répandre la semence. Les petites graines doivent être lancées à la volée et légèrement recouvertes.

Les plus grosses semences (haricots, pois, etc...) doivent être placées dans de petites rigoles tracées à la binette, en suivant le cordeau, et orientées, si possible, du nord au sud. Il faut semer abondamment; on enlèvera ensuite les plants chétifs.

On ne doit pas enterrer les graines trop profondément : c'est une faute que commettent les débutants. Quand le temps est très sec, on arrose largement la veille et on garantit les plates-bandes des ardeurs du soleil avec un écran quelconque, jusqu'à ce que les pousses apparaissent.

Il ne faut pas arroser des semis qui viennent d'être faits.

BOUTURAGE.

Beaucoup de plantes, comme les bégonias, les géraniums, les chrysanthèmes, les œillets, etc..., se propagent par le moyen de boutures prises sur des plants vigoureux après la floraison.

Ces boutures ne doivent être ni trop dures, ni trop tendres, ni avoir un bourgeon à fleur au haut. Les couper juste au-dessous d'un nœud, les dépouiller de leur écorce sur trois centimètres de hauteur; les enfoncer de cette profondeur dans une terre légèrement battue et recouverte de sable; les recouvrir d'une cloche ou d'un cadre, afin d'éviter une évaporation du sol trop rapide. Les maintenir à une température égale.

Les boutures font de rapides progrès à l'intérieur, quand on les chauffe par-dessous. On place souvent les pots contenant les boutures sur une plaque de tôle recouverte de cendres et l'on met une petite lampe en dessous.

Les boutures de rosiers, de groseilles rouges, de cassis et d'autres arbustes doivent avoir 40 centimètres et être plantées à 10 centimètres de profondeur. On laisse seulement les quatre derniers bourgeons au haut de la bouture.

Ne pas arroser trop abondamment et ne laisser au sol que l'humidité nécessaire pour les radicelles. Le fond des pots doit être soigneusement drainé.

PLANTAGE ET TRANSPLANTAGE.

Choisir une journée où la surface du sol est humide. Donner aux racines la place nécessaire pour leur développement, tasser légèrement le sol. Si l'on plante pendant la saison chaude, arroser la veille et après le plantage. Couvrir le sol avec de la paille pour éviter une évaporation trop rapide.

Lorsqu'on transplante, avoir bien soin d'enlever une forte motte avec les racines de la plante, toute la potée quand il s'agit d'une plante en pot.

TAILLE ET ÉMONDAGE.

On doit tailler les *rosiers* en fin mars. Les *roses thé* doivent être taillées beaucoup plus que les espèces hybrides.

On enlèvera tout le bois mort; plus on taillera de court, plus belle sera la floraison.

ARBRES FRUITIERS.

Les groseilliers à maquereau, les cassis et les framboisiers portent leurs fruits sur les pousses de l'année précédente. Les pommiers, poiriers, pruniers, sur les rejetons des pousses de deux ans. S'en souvenir pour éviter une mauvaise taille et perdre tout espoir de récolte.

Voici les principales règles de la taille :

1° Enlever tous les rameaux poussant vers l'intérieur de la plante ;

2° Enlever tout le bois mort ;

3° Garder creux le milieu des arbustes à fruits pour que toutes les branches aient de la lumière et de l'air ;

4° Couper les branches les plus faibles ;

5° Pour les jeunes plants de poiriers, pruniers ou pommiers, couper les pousses d'un an en ne laissant que trois ou quatre bourgeons ;

6° Faire usage d'un canif très tranchant ;

7° Tailler au-dessus d'un bourgeon pointant vers l'extérieur.

Ajoutons que les arbustes se taillent au printemps ; les pommiers, poiriers et pruniers, à la fin de l'automne, quand il n'y a plus de fruit.

Si les jeunes plants de pommiers, poiriers et pruniers produisent beaucoup de bois et peu de fruits, il faut tailler leurs racines vers la fin de l'automne.

Les plus petits plants peuvent être déplantés, puis taillés et replantés.

Les plus gros doivent être à moitié déchaussés ; les racines seront taillées de ce côté.

L'année suivante, on devra tailler les autres afin d'empêcher que la végétation ne soit arrêtée trop brusquement.

ARROSAGE.

L'eau du robinet est trop dure ; s'il n'y en a pas d'autre, on la laissera au soleil dans une cuve avant de s'en servir.

L'eau de pluie est bien meilleure et l'eau de mare est excellente.

Il ne faut pas arroser si l'on prévoit de la gelée. En été, on arrosera le soir. On emploiera à cet effet une pomme d'arrosoir à petits trous pour les petites plantes qu'il faut éviter d'inonder.

11ᵉ Conférence.

UN BON CHOIX DE LIVRES D'UNE BIBLIOTHÈQUE

Il est certes bon, pour nos enfants de France — nous l'avons dit et répété — de faire du sport, de courir les bois et de se griser de grand air, mais cela ne saurait suffire; en effet, si le plein air donne la force, c'est toujours la pensée qui triomphe dans la vie.

Avoir été, avant tout et partout, des *semeurs intellectuels*, voilà la vraie gloire des Français!

D'autres nations, comme l'Angleterre et l'Amérique, peuvent avoir un développement commercial plus étendu; elles peuvent avoir plus de colonies et plus de richesses; aucune d'elles ne jouit de plus d'influence que la France.

Ce qui fait notre suprématie, c'est le rayonnement de notre génie français.

C'est en lisant nos livres que vous arriverez à le comprendre.

Mais encore faut-il faire un choix!

Les livres sont comme la langue, dont parlait le vieux fabuliste grec *Esope* à son maître *Xanthus : C'est à la fois le meilleur et le pire.*

Un *bon livre* enrichit nos connaissances, développe nos facultés, élève notre idéal, de même qu'un *mauvais livre* peut ternir notre esprit et corrompre à jamais notre cœur en souillant notre pensée.

Du choix de vos lectures, jeunes enfants, peut dépendre l'orientation de toute votre vie.

Ce serait une tâche redoutable que de vous choisir vos livres.

Vos dévoués maîtres et maîtresses ont assumé et remplissent à merveille cette tâche.

Sur le revers de la couverture de ce modeste livre, vous trouverez d'ailleurs une bonne classification d'ouvrages qui se rapportent à l'éducation physique et à l'histoire de la dernière guerre qui nous a rendu l'Alsace et la Lorraine et a couvert de tant de gloire les Poilus de France dont vous êtes les enfants.

QUELQUES CONSEILS SUR L'ENTRETIEN DES LIVRES.

Jadis, vos livres de classe étaient couverts d'une méchante robe de papier, robe de bure terne comme celle des moines.

Quand on les ouvrait, rien n'arrêtait le regard; aujourd'hui, ce n'est plus la même chose.

Vos livres de classe sont maintenant admirables d'élégance, merveilleux comme forme et comme fond. Il faut donc les conserver avec soin, les couvrir d'une solide couverture de papier fort, n'en jamais maculer les pages et, en fin d'année, après leur avoir enlevé leur robe un peu fripée, les mettre dans un rayon de votre bibliothèque.

Traitez de même, avec égard, les autres ouvrages que vous possédez; ne les laissez pas traîner sur les tables, mais placez-les dans les rayons d'une bibliothèque.

S'il s'agit de livres de prix, utilisez une bibliothèque vitrée.

Les livres ne doivent jamais être placés dans une pièce ou trop froide ou trop chaude. La chaleur abîme les reliures de cuir, le froid engendre l'humidité qui tache et pique le papier.

Il ne faut pas trop serrer les livres les uns contre les autres; cela détériore la reliure.

Pour couper vos livres brochés, servez vous d'un coupe-papier d'os ou d'ivoire, qui n'abîme pas les pages comme une lame d'acier.

Nous vous rappelons enfin qu'il ne faut pas se mouiller les doigts pour tourner les pages, ni faire des cornes aux angles des pages; enfin, qu'on doit employer un signet qui ne soit pas trop gros.

CONCLUSION

Notre livre est terminé.

Il sera, nous le croyons, intéressant pour tous les enfants de France, quels qu'ils soient.

Que serez-vous demain, mes amis ?

Nous ne disons pas *que ferez-vous demain ?* car peu importe le métier que vous aurez choisi.

Le cordonnier dans son échoppe, le charpentier auprès de son établi, le maçon sur son mur, l'ingénieur dans son bureau de travail, l'officier dans sa mission de commandement, comme le soldat dans son rôle d'obéissance, tous ces Français-là travaillent pour le bien de la patrie !

Ce qui fait la valeur d'un homme, aussi haut placé qu'il soit, ce n'est ni son savoir, ni son intelligence, ni surtout sa situation de famille, c'est sa conscience et sa volonté *d'être quelqu'un.*

Pour être fort demain, il faut suivre l'exemple du Poilu de 1914-1918 qui a sauvé la patrie en danger, parce qu'il s'est entraîné à la vie, au mépris de la mort, et qu'il a donné tout son cœur à la France.

Souvenez-vous donc, chers enfants de France, dans cette œuvre formidable d'éducation physique qui a sa base à l'école, des vaillants soldats de la Marne, de l'Yser, de Verdun et de la Somme, qui n'ont pas craint de subir toutes les fatigues, dont beaucoup même sont morts pour que notre douce France vive et soit plus glorieuse que jamais.

Et si vous allez à Paris, n'oubliez pas d'y saluer le **Soldat Inconnu**, « héros anonyme » qui repose depuis le 11 novembre 1920 sous l'Arc de Triomphe.

Il symbolise les immortels Poilus de la Grande Revanche !

C'est bien *lui* qui nous a donné la Victoire.

Et, maintenant, terminons ces pages par cette cantate sublime de notre grand poète national, *Victor Hugo :*

> Gloire à notre France immortelle,
> Gloire à ceux qui sont morts pour Elle !
> Aux martyrs, aux vaillants, aux forts,
> A ceux qu'enflamme leur exemple
> Qui veulent place dans le temple
> Et qui mourront comme ils sont morts...

Commandant C. L.

TABLE DES MATIÈRES

AVANT-PROPOS... Pages. 3

1re PARTIE.

Le règlement général d'éducation physique et les petits jeux.

a) Règlement d'éducation physique...................... 6
b) Petits jeux.. 57
c) Autres jeux... 80
    Le jeu du croquet................................. 80
    Le football....................................... 81
    Le tennis... 94
    Le polo... 97

2e PARTIE.

Ce qu'il faut savoir dès l'école.

Série de 11 conférences.

1re Conférence. — L'orientation......................... 100
2e   —   La marche............................... 111
3e   —   Le camping.............................. 116
4e   —   La natation............................. 120
5e   —   La navigation et le canotage............ 124
6e   —   La boxe................................. 128
7e   —   La pêche................................ 131
8e   —   Les sports d'hiver...................... 133
9e   —   Hygiène et soins corporels.............. 134
10e   —   Le jardinage........................... 137
11e   —   Un bon choix de livres d'une bibliothèque................................. 141

CONCLUSION.. 143

CHARLES-LAVAUZELLE ET Cie. — PARIS, LIMOGES, NANCY.

LIBRAIRIE MILITAIRE CHARLES-LAVAUZELLE & Cie

PARIS, 124, Boulevard Saint-Germain (6e) — NANCY, 53, rue Stanislas, et LIMOGES

IMPRIMÉS ET REGISTRES

Instruction ministérielle du 7 novembre 1908

S. A. G.
1. Demande d'agrément......le cent 7 50
2. Avis de convocation (affiche). — 30 »
3. Bulletin d'invitation (membres militaires).................le cent 7 50
3 *bis*. Bulletin d'invitation (candidats au B. A. M.)................le cent. 7 50
3 *ter*. Carte d'identité pour candidats au B. A. M................le cent. 6 »
3e. Lettre d'invitation pour congressistes (grands réseaux de chemins de fer)..................le cent. 15 »
7. Rapport annuel sr les S. A G. — 15 »
8. État nominatif des présidents et des membres des S. A. G. proposés pour les récompenses honorifiques Titre...................le cent 20 »
— *Idem*. Intercalaire...... — 20 »
9. État nominatif des officiers de complément faisant partie des S. A. G. et proposés pour l'avancement *ou* des officiers et hommes de troupe des réserves faisant partie des S. A. G. proposés pour les décorations. Titre.................le cent 15 »
— *Idem*. Intercalaire........ — 15 »
9 A. État de proposition modèle 54, complété par circulaire n° 9162 M du 15 avril 1921...........le cent 15 »
9 B. Feuille de renseignements (2 septembre 1920)............le cent 7 50
10. Relevé des services...... — 7 50

S. A. G.
11. Carnet des S. A. G. (Minute à conserver par la société.)............ l'un 5 25
12. Carnet des S. A. G. (Extrait du carnet-minute.)................ l'un 2 50
13. Demande de prêt, échange ou réintégration d'armes ....le cent 7 50
14. Demande de munitions à titre gratuit..................le cent 7 50
15. Demande de munitions à titre remboursable................le cent 7 50
16. Demande d'importation de munitions ....le cent 7 50
17. Relevé des cartouches allouées gratuitement................le cent 7 50
18. Relevé des cartouches cédées contre remboursement ....le cent 7 50
19. État indiquant, pour chaque S. A. G., le modèle, le nombre et le lieu de dépôt des armes mises à sa disposition à titre de prêt. Titre. le cent 15 »
— *Idem*. Intercalaire........ — 15 »
T 20 N. Fiche individuelle d'examen physique et médical, avec barème des performances (format 210×133). le cent 4 »
La même (format 265×210).... — 8 »
Livret-guide 1922 pour l'éducation physique et la préparation militaire......................l'un 1 »
Par 50 exemplaires........ — » 90
Par 100 exemplaires....... — » 80

Circulaire ministérielle du 6 septembre 1911

21. Carnet des entrées de munitions (modèle A).............. l'un 2 »

22. Carnet des consommations de munitions pour tirs de guerre et de précision (modèle B).......... l'un 2 »

Instruction ministérielle du 1er juillet 1921

31. État nominatif récapitulant les demandes des candidats (mod. 1). le cent 7 50
32. Demandes des candidats (modèle 2)............... — 7 50
36. État nominatif récapitulatif de l'obtention des titres (mod. 6). le cent 7 50
37. État indiquant les résultats obtenus par les diverses sociétés (modèle 7).................le cent 7 50

60. Cible carrée de 1m,50 de côté, avec cercle de 1m divisé en dix zones, et visuel noir de 0m,20 sur beau papier, les 500 : 275 fr. ; les 100 : 65 fr.; les 50 : 37 fr...............l'une » 80
61. Cible de 0m,15 de diamètre, en 10 zones, avec visuel noir de 0m,03, le 1.00 : 35 fr. ; les 500 : 20 fr. le cent 5 »
La même, en carton, le 1.000 : 55 fr.; les 500 : 35 fr..............le cent 7 50

Projet de Règlement général d'Education physique :

1re Partie : Education physique élémentaire. (Enfance.) Approuvé par le Ministre de l'Instruction publique et des Beaux-Arts. Édition mise à jour au 1er juillet 1919. 64 pages................................... 2 »

2e Partie. — Education physique secondaire. (Jeunes gens de 13 à 18 ans.) Approuvé par le Ministre de l'Instruction publique et des Beaux-Arts. 48 pages....... 1 »

2e Partie *bis* : Education physique secondaire. (Jeunes filles de 13 à 18 ans.) Approuvé par le Ministre de l'Instruction publique et des Beaux-Arts................. 2 »

3e Partie : Education physique supérieure (sportive et athlétique). Hommes de 18 à 30 ou 35 ans. Volume in-12 de 282 pages................. 3 50

4e Partie. — Titre Ier : Adaptations professionnelles. Education et instruction physiques militaires........................... 1 50
Titre II : Rééducation physique militaire .... 1 »
Annexes : Instruction sur le rôle du médecin dans l'éducation et la rééducation physiques........................... 2 50